自尊上癮症

我們時代的頭號心理疾病

劉翔平——著

目錄

第七章 自尊與自我實現

第八章 自尊與人際關係

第九章 自尊與憂鬱症

序言・你有自尊的困擾嗎？

很多人終其一生都難以擺脫一個夢魘，那就是拿自己與其他人比較。如果經常浮現在你內心中的想法是與他人比較，比如你經常下意識地想到自己如何比別人好，或者如何不如別人，如果你的主要煩惱或主要幸福都源於這種比較，或者你的心情好壞主要與這種人際比較有關，那你已經對這種比較上了癮，你得當心，你可能有自尊方面的問題與困擾，也可以說是自尊成癮。

有自尊困擾的人通常不覺得人際比較有什麼問題，他們會本能地覺得：每個人都是這樣啊！誰要是超過了別人，不都應該滿心高興嗎？誰要是落後了，不都會感覺鬱悶嗎？你看人家奧運冠軍，不都是喜極而泣嗎？於是，他們往往把追求榮譽和超越他人當作人生的主要目標，甚至是唯一的動力，認為實現自己的價值就等於讓別人瞧一瞧自己有多厲害，活著的意義就是爭一口氣，給周圍的人一點顏色看看。其實，這種目標只是低自尊者不健康的生活方式和內容，而不是普世價值。只是自己都這麼認為，覺得別人一定也這樣認為。這叫做心理投射。

那麼不受自尊困擾的人是什麼樣子呢？一般來說，他們也會與他人比較，比不過別人時也會不高興，超過別人時也會很開心，但這種人際比較完全不同。他們通常並不太關心與他人的比較，更不會把它當作人生最為重要的目標和追求，那只是做事情的結果，並非生命的終極意義。在他們看來，人生最主要的任務是實現獨特的、個性化的夢想，這個夢想是發自內心的願望和興趣，還很可能是孩童時代以來的夢想。他們根據自己的喜好和本真的感受來設計自己的目標，比如一位國家領袖，雖然工作很忙，但總能利用餘暇時間來做木工，因為做木工是很有趣的，他做木工不是為了把誰比下去，或是為了得到別人的讚揚，雖然能參加個什麼展覽或獲得個什麼獎也不錯，但這些都不是最重要的。沒那麼在乎別人的意見，但卻能與他人合作，甚至深交，因為能把其他人看作與自己平等的人、同樣有獨立見解的人、可以合作和信賴的人。而有自尊困擾的人則要麼把他人當作觀眾，要麼把對方當作競爭對手。

不受自尊困擾的人，能夠有效地滿足自己的基本心理需要，對於他們來說，活著是很簡單的事情，就是多交朋友、多做事情、多發揮自己的能力。他們能有效地滿足自主、能力和愛的需要，在他人面前能夠做到毫不刻意與做作，也不想掩飾什麼，能夠自然流露自己的情感，該笑時笑，該哭時哭。對於他們來說，他人的存在並不是什麼負擔，而是同路人、陪伴者，甚至是幫手和合作者。

然而，有自尊困擾的人往往缺乏以上認知。由於某種親子關係的創傷或者其他因素，他們認為他人的存在要麼是一種威脅，要麼是一種妨礙，他人不是看自己笑話的人，就是冷漠的評價者。正如哲學家沙特（J.P. Sartre）所言：「他人即地獄。」這些人好像第一次登臺的演員，認為自己的存在就是給他人看的，所以他人的存在會引起他們的焦慮和警覺，哪怕是素不相識的人。

這種人際關係中的自我缺陷和人際加工中的認知歪曲是本書要論述的主題。另外，由自尊困擾引起的各種心理問題也是現代人不幸福的根源之一。在現代資訊社會，自尊引起的困擾與障礙比以往任何一個社會形態都要多，不僅因為人與人貧富差距加大，而且由於網路與資訊普及，人們可以隨時瞭解其他人的情況並與自身比較，鄰居開什麼車、同事住什麼樣的房子、富豪的別墅及私人飛機、明星的身材與容貌……只需點擊一下滑鼠，你的社會位置就一目了然了。而在封閉的社會，比如舊中國四大家族很有錢，普通人根本不可能知道四大家族的生活方式是多麼驕奢，也無法想像他們的存在會引起痛苦與不適。即便是你所在村子裡有周扒皮這樣的小地主，也刺激不了你自尊的失衡，因為周扒皮雖有幾十畝地、住十幾間磚瓦房，但生活水準也比你高不了多少。

另一方面，現代城市化進展也加劇了人與人之間的疏離，很多人居住在高層電梯大厦內，彼此「老死不相往來」，只是在電梯中混個臉熟，陌生人從不打招呼。人情淡漠，世態炎涼，昔日過年四處串門的情景已成回憶。人情的冷漠也加劇著自尊障礙的出現。人們交往的動力和能力都有所下降，患有憂鬱症和孤僻的人越來越多。

然而，社會需要溫情，人們需要溝通。人生的美好在於人情的美好。心理學可以幫助人們緩解心靈的痛苦，幫助人們實現幸福。心理學對於自尊問題的關注和研究已經有數十年，至今熱度不減，在有關自尊的基本原理、測量和干預方面有了長足的進步。但是，目前市面上還沒有結合現實生活介紹自尊的著作，希望本書能夠幫助有自尊困擾的人進一步瞭解自我，幫助他們對人生進行重新定位、尋找更加健康的生活方式。

筆者以為，在我們擺脫了自己與他人的比較與位置、解決了自尊的問題後，絕大多數心理問題都會迎刃而解，因為它們基本上都是自尊問題的結果。筆者相信，在你擺脫了自尊問題的糾結後，你會體驗到不一樣的人生，當人際比較成為生命中可承受之輕，你就會發現自己的真正夢想，你會把所有精力放在夢想的實現上，你會變得執著、寬厚、溫和、穩定，走向自我的認同和內聚，你會變得獨立而又親和、自主而又依戀、主動而又隨和、堅定而又浪漫，總之，你會變得更加完整、充實、豐盈，完成一次從繭到蝶的精彩的人生蛻變。

第一章・我們有哪些自尊障礙？

自尊是人人耳熟能詳卻又說不清楚的現象。每個人生活中都離不開自尊，但它非常詭異，經常出現在不該出現的地方：

記得上研究所時，有一個同學長相英俊，四人同住一間寢室，只有他不戴眼鏡，他的眼睛是最好看的，大大的，非常有神。但是有一天，他竟然花了半個月的生活費去配了一副非常難看的平光眼鏡，他說戴眼鏡的人更像知識份子。

有位總裁為了省錢，購買了某航空公司特價商務艙的機票，由於航空公司規定該特價票不能享受機場的貴賓室服務，他沒有得到相應的禮遇，結果感到大傷自尊而抱怨航空公司欺詐與不公。

中學同學畢業卅周年聚會，有位待業的同學穿著一件掉了皮的外套，騎一輛自行車前來參加。大冷天的，我們都很同情他……

上述現象都跟一個與自我有關的現象相關，這就是本書要闡述的主題——自尊。自尊存在於生活的各個角落，經常指引著人們的行為，可以說是人類最為重要的行為動機之一，也是心理健康的關鍵因素。從自我混亂的角度幾乎可以解釋一切心理不健康問題，而自尊又是解開自我混亂之謎的一把鑰匙。

健康自尊與不健康自尊

本書將自尊定義為懷著真誠的熱愛之情來對待自己的良好感覺，即無條件地認同自己是一個有能力和有價值的人，相信自己無論做了什麼、無論成功與否，都是一個有價值的人的感覺；同時認為其他人也像自己一樣具有這種存在的價值。用通俗的話講，自尊意味著生活內容基本鎖定在「你好我也好」的價值觀內。我們把這種兼顧他人意義上的自尊叫作積極的自尊或者健康的自尊，而把不符合這一生活價值的各種自尊叫作不健康的自尊、不完整的自尊，或者自尊障礙。積極的自尊是從童年期的安全依戀中發展而來的，基於真實的、安全的、關愛的、溫暖的親子經驗和記憶。

綜合自尊心理學的研究成果，可以從三個方面來分析健康與不健康自尊的標準，它們分別是：

自尊100句：掌握心理健康的秘訣・01

自尊，擁有的人不需要，需要的人不擁有；
你追求的是你得不到的，你得到的是你不追求的。

1.高自尊與低自尊。高自尊者通常能夠從積極的方面來看待自己、熱愛自己，保持自己的獨立性和自我肯定性，不輕易受別人的影響，他們具備掌控感和勝任感。他們不依賴別人，與他人保持清楚的界限，堅持獨立見解，少有自我懷疑和害羞、靦腆的感覺，行動有效，專心果斷，意志堅定。

而低自尊者則通常從消極的一面來看待自己，對自己缺乏信心，對自己的認識非常模糊，不確定自己是不是有價值、受歡迎。他們不是過於依賴別人，就是恐懼和害怕別人。他們甚至低估自己的能力和價值，經常誇大自己的不足，好像要經常看見自己的缺點才有安全感。

2.有條件的自尊和無條件的自尊。這種劃分呈現了有關自尊的最新研究成果，也是最為重要的劃分標準。無條件的自尊又可稱為本真的自尊，它是指一個人自我滿足、自我定向、依靠自身的力量油然而生的自我價值感，它是穩定的，對擁有它的人來說，其存在是不明顯的。也就是說，一個擁有本真自尊的人並不關心自尊問題，把自我評價為一個客觀的事物，就是那個樣子而已。本真自尊構成了深深的價值感，擁有它的人沒有必要時刻去檢驗它。

本真伴隨著高水準的自主性動機，也就是說，一個人若能經常出於自己真正的愛好和行為標準來行事，就是自己的主人。擁有本真自尊的人無條件地接納和熱愛自我，認為「我對自己感覺好，並不是因為我多麼成功、多麼讓人羨慕，而是因為我活著，我是一個鮮活的生命」。

另一種是有條件的自尊，即通過達到一些預設的標準來獲得自尊，自我價值感有賴於這些標準的實現，而不是自我的本真需要。比如認為擁有美貌才有價值感，有錢才有自尊，取得成就才能感覺良好。有條件自尊者往往並不真正瞭解自己的需要，其衡量自尊的標準是內化得來的。在生命早期的親子互動中，如果父母的愛是有條件的，通過對自己欲求的行為進行獎勵，而對不欲求的行為進行懲罰，這就把行為標準強加給了兒童。兒童會不自覺地把這種外界強加的標準當作自己的人生追求，而忽視了自己發自內心的本真需要。有條件的自尊是膚淺的、表面的，對於個體來說，有條件的自尊是顯著的，往往通過強烈的自我意識表現出來，這樣的人總是通過他人的眼光來看待自己。

3. **自我中心的自尊和兼顧他人的自尊**。自尊不僅僅是個體內部的心理結構，還涉及人際關係。自我中心的自尊是指一個人的自我價值感只是指向自己

自尊100句：掌握心理健康的秘訣 · *02*

高自尊者根據內在體驗形成自我，不在意自尊問題；
低自尊者根據外在結果定義自我，把追求自尊當目標。

內部，圍繞著提高自我和維護自己的價值，而無視或損害了他人的自我價值感和基本權利。筆者認為，只有聯繫自尊產生的基礎及其現實發揮的功能，才能確定自尊的意義。在成長過程中缺少親子關愛、安全依戀基礎的自我價值感，往往會以不顧及他人自尊、缺少同情心的形式出現。只管只顧自己表現、不管別人感受，完全不從他人看待自己的角度來看待自我，這樣的人是主觀封閉的，這種自尊是自私的、過於自戀的，是有害心理健康的。

而兼顧他人的自尊，建立於需要他人關愛和安撫的真實基礎之上，具有同情心，本身就具有對人際關係的積極指引作用。這種自尊包含兩個方面，一方面是把自己看作有價值的人，另一方面是信任他人，把他人看作可以合作的人、可能幫助自己的人。兼顧他人的自尊能夠適當地、客觀地兼顧他人對自己的看法，而靈活地調整自己的立場和自尊，堅持自我決定和自主，但又能兼顧別人的立場。

立足於上述三種自尊的標準，我們可以分析各種自尊障礙。

低自尊障礙：總看到負面因素

低自尊者缺乏基本自信，主觀自我評價低於自己的實際能力，煩惱過多、心情低落，還會導致焦慮和憂鬱情緒。

生活中總存在這樣一些人，他們的自我看法和自我評價明顯低於實際的能力和行為表現，比如：一個長得漂亮的人卻總是自信不起來，一個智商高的人卻鮮有對自己學習成績的自信，一個各方面能力都不錯的人卻缺少活力，一個取得成功的人卻經常憂心忡忡……還有一些人，他們雖然長相平平卻經常能展示自己，智力普通卻勇於挑戰與超越自我，能力普通卻充滿活力與熱情，經常碰壁卻不影響好心情。

上述描述中，前一種是低自尊者，後一種是高自尊者。人的生活品質不是比誰更富有，而是比誰內心更豐富、更幸福、更本真和更接近自我實現。一個一流的家庭主婦可能比二流的科學家更接近自我實現，因為她忠於自己的心靈，能夠滿足本真需要，表裡如一、襟懷坦蕩，擁有健康的、積極的自尊。

自尊100句：掌握心理健康的秘訣 · *03*

自尊是對自己的感覺良好，認同自己，也認同他人；
自尊是個人的自我價值感及與他人的距離感。

低自尊者通常很難意識到自己的低自尊問題，他們只能體驗或意識到自己對自我或成就永遠無法滿足的感覺和對高自尊的渴望與追求。或者說，在意識層面上，他們較容易體驗到的是焦慮。比如一個低自尊的學生在期中考試中得了第一名，卻鮮有穩定的自豪和自信，而是油然而生一個想法：假如期末考試考不了第一怎麼辦？一位年輕的大學教師發表了很多文章，在年終成果發表大會上不是想到自己多麼出色、多麼厲害，而是想到了：今年發表了這麼多文章，萬一明年一篇都沒有發表該怎麼辦？一位部門主管率領全體員工獲得今年業績第一的好成績，慶功大會上本來是要講業績的達成多麼不易和珍惜成績等問題，結果他不由得大講不要躺在功勞簿上、本單位還有多少不足，活生生成了一個檢討大會，讓大家心情不佳，好像是業績最差的教訓總結，反而增加了大家的壓力。他們的自我感覺明顯與現實生活不一致，不能反映真實的自我狀態，即成功後不能自然表現出適當的自豪與自我滿足。在此，自尊就像一個失真的溫度計，不能如實反映成就水準所帶來的自我狀態，而是將溫度反映降低了，產生了負面反映的偏差。

低自尊者有一個習慣，經常反思自己的不足，只有這樣才能心安理得地生活。驕傲與滿足讓他們感到焦慮，而只有居安思危才能減少焦慮，才是常態。

他們處在焦慮的情緒中，缺乏安全感，無法享受人生的舒適和愜意。他們的格言是「沒有最好，只有更好」。可是，人生有限，不可能總是那麼好，而且世界本身就充滿了不安全感，所以他們要想在安全中感受不安全，那真是太容易了。即使一切順利，時間也能改變一切，人總有老的一天，過一天少一天，也總有走不動的那一天。對於這些低自尊者而言，萬事只有一個結果：苦海無邊，焦慮地過一生。低自尊障礙的人經常對自己抱有負面的看法，懷疑自己的能力，害怕失敗，所以整天想著如何才能自信一些，從而損害了行動的能力和冒險精神。

低自尊也是缺少幸福感和活力的原因。心理學研究的一個重要發現是，大部分低自尊者雖然不會每天自責與後悔，但對自己的人生充滿負面評價。

一個人不僅會因為自責而變得消極，只要對自己的評價和感覺是中性的，他就會碌碌無為、充滿被動和職業倦怠。一個人只要對自己沒有信心，就是一個缺少活力、被動的人。

自尊100句：掌握心理健康的秘訣．*04*

有自尊困擾的人，用各種手段維護自尊：
要麼把他人當作觀眾，要麼當作競爭對手。

有條件自尊障礙：過分追求成功

這種人整日糾纏於名利的煩惱中不能自拔，為成功學所害。

追求成功的痛苦者

生活中有些人過分看重成敗、把成敗看得比生命還重要，這是有條件自尊的必然結果。這種人把成敗當作衡量自我價值感的唯一標準，在生活中表現為拼命地出人頭地，必須超過所有人，必須保持領先，務必確保不能失敗。他們認為只有在人群中居於領先位置才有安全感。生命的意義就在於爭第一，要擁有名和利，而且越多越好。由於這些人對自己是什麼樣子並不確定，只能通過他人眼光來衡量自我價值，所以他們極端地追求名利——地位和金錢。

追求名利本身並不是心理不健康的表現，誰都喜歡名利。無條件自尊者也會追求名利，但是他們具有安全感和本真自尊的心理基礎，會根據自己的價值觀和真實感覺做出自我決定，或是出於自主動機而行動，而不會將這些名利當作目的。他們以溫和的心態來對待名利，因為名利只代表自我實現的附帶結果，在追求個人理想與實現個人潛能的過程中，名利會自然而然地出現，名利被整合到整個需求系統中，而不是唯一和主要的目標。另一方面，他們認為親情、友情、創造和審美等其他需求也具有同等的重要性。

低自尊者的奮鬥往往出於一種補償的動機和心態，或出於維護面子而追求名利和成功，所以這種追求具有刻板性和強迫性。

首先，這種追求成為唯一目的，他們不惜一切代價追求和保證成功，從而失去了其他愛好和興趣，因此他們精神貧乏而無趣，只知道加班工作、只知道討好主管、只知道開發業務，對於家庭、親情、友情和娛樂投入過少。他們似乎過著清心寡欲的生活，注意力只聚焦於名利這些事情上，對於生活中的其他事情則一概不感興趣。

其次，這種對成功和名利的追求成為強迫，而且永無止境。他們的成功目標是巨大的，而且永遠無法滿足，這一點可以從缺少安全感上得到解釋。強迫性還顯現為名利必須得到滿足。

自尊100句：掌握心理健康的秘訣 · *05*

自我意識強烈的人，總通過他人眼光看自己；
自我意識與覺知，既是心靈痛苦的原因，也是解決心靈痛苦的手段。

脫離了安全感的滿足，就變成了「必須滿足」、「必須時刻滿足」、「必須無條件滿足」的強求，需求變成了要求，而且不能延遲滿足。正常的需求好像變成了貪婪。缺乏安全感的需求必然走向刻板和極端，主觀體驗顯現為「我必須在所有的時刻和所有需求上得到滿足」。

最後，是追求名利過程中的敵意性。低自尊者追求名利的動機是補償安全感，所以不能兼顧他人的需要。而脫離了歸屬感的追求，就變成了與其他人對立的、要淩駕於他人之上的對權力和榮譽的追求。追求成功變成了超越所有人的遊戲。出人頭地原本是快樂做事的副產品，如今卻變成了追求的唯一目標。

當一個人把成功當作獲得自尊的唯一資源時，必然會產生一種相反的力量，即害怕失敗。追求成功與害怕失敗是高度負相關的，一個人把成功看得重要，就會同樣地把失敗看得非常嚴重。兩個方向的力量在相反的方面是均等的。期望越高，失望越大。因此，有條件自尊勢必會讓一個人把失敗和挫折的負面價值放大。這種人由於成功或失敗引起的心理波動非常大，每天都糾結於成功還是失敗，對成敗的自我反應過強，從而影響生活品質。一旦失敗，情緒就異常低落；成功後又狂喜，他們的自尊因此變得非常不穩定。這完全符合自尊心理學的研究發現，即有條件自尊者的心情往往取決於上一件事的結果。

不切實際的完美主義者

生活中有一類人活得很累，他們給自己的工作訂定了不可企及的高標準，因此也有人稱之為工作狂。他們是完美主義者，對自己的行為具有「苛刻的要求」，甚至遠遠脫離了現實，要求自己或他人有更高的工作品質。他們把目標定得過高，又強迫自己或他人去追求這種遙不可及的目標。他們往往以能力和成就來衡量自身的價值。

> 有條件要上，沒有條件創造條件也要上。
>
> ——王進喜

完美主義者喜歡設定不切實際的標準，刻板且無差別地堅持這些標準，將表現等同於自我價值。這類人的格言是「有條件要上，沒有條件創造條件也要上」。沒有條件，往往說明成功的條件還不具備，有時甚至意味著要等待或暫時放棄，因為人不能隨心所欲地創造一切條件，人的能力是有限的，人勝不了天。

自尊100句：掌握心理健康的秘訣・*06*

把成功當自尊追求，必然害怕失敗；
為了掩飾害怕與後悔，缺乏自信的人會合理化高估自己的判斷。

小張就是這樣一個人，她因為心情低落、注意力無法集中和失眠而不得不休學。她本來智力平平，後來由於非常用功和加分而考上某大學數學系。數學系是該大學錄取分數最高的，考進來的人都是佼佼者，不少同學的智力和數學思考能力都在小張之上。可是小張的經歷給她一種幻覺，即只要努力就能成功。「功夫不負有心人」，這也是她母親的口頭禪。於是，她懷著必勝的信念來到數學系，但第一學期的高等數學課她就跟不上了。別人聽一遍就能理解的內容，她復習了無數次還是理解不了；同宿舍同學為她講了許多遍，她還是一知半解。一學期下來，她的成績仍排在全班後面。

她深信這是因為自己不夠努力，於是新的學期經常熬夜解題，造成壓力過大、腦力透支而失眠，並開始出現憂鬱症狀，每天情緒低落，不想讀書，腦中充斥著自責和失敗的想法。小張的問題是不靈活，不能根據實際情況調整目標。對於有些人來說，放下自尊、降低抱負是無法承受的，實現抱負有時反而更加容易。

在工作或讀書中，完美主義者由於努力認真、肯投入，往往會取得較突出的成績，但他們自身並不滿足，因而感覺不到幸福。他們往往成為工作狂、加班狂，為了工作和成績，犧牲了家庭、友情和身體健康。賈伯斯就是這樣一個人，他對工作和他人具有苛刻的標準，把所有的精力都放在工作上，少有親情和娛樂，結果只活到五十六歲就因為癌症去世。

現代社會，人們多多少少都有這種過分的掌控感和征服感，在大自然面前過於自負，不敬畏自然，強調征服自然、改造自然，過於有作為，結果破壞了人類與大自然的和諧和人內心的寧靜。

從自尊理論來說，完美主義者的核心問題是為自我價值設立一個外在的標準，即他們的自尊是有條件的，他們的自我價值不能反映自身的真實狀態，其行為標準都不是發自內心和自我決定的，而是父母標準的內化結果。只不過由於某種原因，**完美主義內化的標準過高，超過了其真實能力，而低自尊者的標準過低，不能達到其真實的能力**。不妨仍用溫度計類比：低自尊者主觀感受比實際表現要低，他們的溫度計顯示比實際溫度要低；而完美主義者恰好相反，他們的主觀標準比自己實際的行為表現要高，即他們的溫度計顯示比實際溫度要高。

自尊100句：掌握心理健康的秘訣 · *07*

人際適應出了問題，才會問人生意義何在；
適應世界出了問題，才會去評價世界。

虛假高自尊障礙：身陷人際與環境衝突中

這類人的心理痛苦主要不是焦慮與憂鬱，而是與他人與環境的衝突，他們的不適表現為：經常出現攻擊他人的行為，缺乏自我反省與檢討，經常貶低別人、抬高自己，或者過於固執而缺乏靈活性。這些主要是由於他們的自尊不穩定造成的。

自我炫耀

自尊是一個複雜的現象，要從多個角度來衡量和建構。傳統的對自尊的研究存在一種最大的不足，就是只以自尊水準的高低來衡量其心理健康的價值，傾向於認為高自尊者是心理健康的，而低自尊者是心理不健康的。現代的自尊研究顯示，這種簡單的劃分是錯誤的。自尊需要多個理論建構，高低不是最重要的尺度，更不是唯一的尺度。自尊的一項非常重要的指標是歸屬感，即是否具有基於安全依戀關係的對他人價值的尊重與接納。健康的、積極的自尊必須同時包含兩個方面：一是自我價值感，二是承認他人與自己一樣具有價值感和重要性。比如，不僅我是可愛的，他人也是可愛的。用人際關係的這個自尊標準來衡量，在生活中，有不少人具有自我中心的自尊障礙。

這些人的自尊不完整，只對自己懷有積極的看法和情感，而缺少對他人的承認和關切，這種人自戀有餘、愛心不足。這種自尊不能兼顧現實和他人的利益，是主觀的、刻板的，會令周圍與之相處的人不快。他們往往過於自信和自負，高估自己的能力和價值，對自己抱有不切實際的肯定態度和情感，對未來也抱有不切實際的樂觀態度，但是對於他人則態度冷漠、缺少同情。孔子是最先發現這種現象的人，子曰「己所不欲，勿施於人」。這種自尊是片面的、不全面的、不充分的。

這類人叫作炫耀型的人，他們只注重自己的良好感覺，完全忽視了他人的感覺；在他們心目中，別人只有羨慕自己的份，沒有與自己平起平坐的資格。他們經常炫耀自己的成就，在別人看來不值一提的小事卻當作偉大成績，比如：一個愛炫耀的老師有可能為了講兒子的趣事，而佔用了一個小時的上課時間；一位愛炫耀的上司，講起自己的奮鬥史一講就是一年。以自我為中心的人在與他人交流時不顧別人的反應，只管講自己的良好感覺和成就，結果妨礙了與他人有效的溝通，與他人的聯結也停留在膚淺的層次上。有趣的是，在對待

自尊100句：掌握心理健康的秘訣．*08*

自我意識、自我反省、自我體驗都並不等於瞭解自我；
善於反省的人通常高估了自我瞭解的程度。

別人的態度上，他們又與低自尊者不同：低自尊者太在乎周圍人的態度，從而失去自我；而這種高度自戀的人，對於他人看待自己的態度和反應極不敏感，因為他們目中無人，注意的焦點不在他人身上。在這一點上，自尊研究的結論是：高自尊者不關心自尊問題，不會根據他人的態度來表現自我；只有低自尊者才會把追求自尊當作目標。

小說《三國演義》中的關羽多少有這種傾向，他才華出眾，有忠有勇，不足之處是自視甚高，對周圍的人缺少同情與平等心，對別人的缺點不能容忍，結果導致了敗走麥城的悲劇。

好鬥與控制

與炫耀型的人不同，好鬥與控制型的高自尊者，不是把他人當作自己的粉絲，而是把對方當作對手，他們想控制他人，與他人玩控制的遊戲或權力的遊戲。

這種人並不是出於本真的立場和自我決定而有選擇地反對他人，也不是出於維護原則和正義來抗爭，而是出於較量的目的，即「我必須贏，必須打敗別人」。這些人的自尊不是基於愛和關懷，而是來自過度懲罰的父母教養方式。所以，**他們不僅不會認錯，還會通過誇大別人的錯誤、誇大不公正，來維護自己的尊嚴和面子**。自尊的指針已經反應失靈了，他們的自我感覺不能如實地反映自己的缺失和接納自己的不足，於是想要通過打敗別人來維護自尊。

筆者認為，這類人與自卑的人或有條件的自尊者一樣，成長環境中都缺少安全感，父母的愛都是有條件的，只不過這類人自身的神經類型是抗爭的、勇敢的、外向的、易怒的、攻擊的，所以不會內化父母的期望，成為追求名利而獲得自我價值感的人，而是成為通過反叛獲得自我價值感的人。

擁有自尊的人不需要自尊

上述各種類型的自尊障礙都有一個共同點，那就是都是有條件的自尊，而非健康的、本真的自尊，這是因為缺少安全依戀而陷入基本需要不能得到滿足的狀態。一個人越缺少什麼就會越追求什麼，比如越窮就越追求物質和金錢，

自尊100句：掌握心理健康的秘訣 · *09*

自尊既是有意識的自我報告，又是潛意識的態度傾向；
自尊是心理活動的結果，不是原因。

越感覺不安全就越追求安全感。

幸福心理學的研究也發現，幸福像一個變色魔術方塊。**幸福的人不知幸福，往往是意識到幸福問題時已經不幸福了**。一個本身已經感覺到幸福的人不會關心什麼是幸福，也不會刻意追求幸福因而產生注意力偏差，他會全身心投入當下的生活。如果有人問他們「你幸福嗎？」他會回答「我姓胡（或李）」。因為他們已經擁有幸福了，所以幸福不在話下。而一個不幸的人總是會對追求和獲得幸福較為重視，甚至總把「幸福」掛在嘴邊。

追求自尊、努力獲得自尊和幸福魔術方塊一樣，於是這裡產生了一個有意思的悖論：只有低自尊者才努力追求高自尊，而高自尊者不會考慮自尊問題。**只有具有自尊障礙的人才會對獲得和擁有自尊感興趣，而那些擁有健康、積極的自尊的人並不需要它，更不會追求它**。需要它的人不擁有它，擁有它的人不需要它。

自尊障礙就是指這種現象，不同類型的未曾滿足基本需要、缺少自我價值感和滿足感以及缺少本真自尊的人，用各種手段努力維護自尊。這種自我滿足、自我驅動、成為自己主宰、自我定向以及在自我方面呈現出來的本真自尊，是人生最寶貴和唯一的幸福資源，像空氣、水一樣是生命的必需品。一個人如果出於某種不可控的原因而不具有這種資源，那會有什麼樣的結果呢？他會努力去掙扎、去吶喊，一句話，就是為獲得它而不惜一切代價。但有的人由於嚴重的自身結構和功能性缺陷，不能擁有或只能少量擁有這種寶貴資源，而不得不追求某種替代品，以使自己感覺良好，無論是通過示弱（降低抱負）、成功（追求名利、爭第一）、炫耀（讓人羨慕）還是控制（借助權力擊敗別人），都是為了同一個根本的人生目標：使自己更有價值和幸福感。

然而，這些替代品只能暫時滋養你，你無法通過它們滿足生命的根本需要。人生的基本需求是自我定向、自主、自發、主動地承載生命，以及對自己更加滿意和感覺良好（幸福感）。而追求這些替代品的過程，又會損害人的身心健康，比如追求名利導致沮喪與失望，追求完美導致損害健康，控制別人導致憤怒情緒，降低抱負導致憂鬱情緒……還會妨礙人生其他重要需求的實現，比如完美主義妨礙家庭幸福、降低抱負妨礙理想實現、追求名利妨礙娛樂、追求控制妨礙獲得友誼……本真的自尊不是靠追求它或維護它而得到的，其根本問題在於自我功能的受損而不能生成它，唯一的拯救之路就是修補

自尊100句：掌握心理健康的秘訣．*10*

自我經驗與人際關係是一枚硬幣的兩面，
而自尊就是一種調節人際關係的人格結構。

這個不健全的自我功能。

本書基於自尊心理學研究和筆者對自尊的理解，以及臨床諮詢經驗，試圖解析自尊障礙和克服自尊障礙。我們將依次分析低自尊、完美主義、過於自戀和追求權力等各類自尊障礙的心理表現（包括認知的、行為的和情緒與動機的）、心理活動規律（包括認知加工過程、情緒和動機歪曲過程），同時結合當代各種心理學治療方法，尤其是積極心理取向的治療，來闡述如何克服這些自尊障礙。

第二章・什麼是自尊？與他人有關嗎？

蘇格拉底（Socrates）曾經指出：「未經思考的生活是不值得過的。」筆者以為，這裡的思考主要是對自我的思考。也就是說，一個人如果沒有搞清楚自我是怎麼一回事，就匆忙地投入生活，其生活的品質可能是不高的，可能出現自我混亂。另外，其生活目標也可能是錯誤的，而如果把錯誤的目標當作自己的真正追求，那麼越是努力，離真正的人生目標——幸福——就越遠。

自我意識不等於自我知識

在心理學中，越來越多的心理學家開始關注自我的研究。自我是一個複雜的心理現象，瞭解自我也是心理學研究的最終目標。

> 走自己的路，讓別人說去吧。
>
> ——民間格言

心理學家一般從兩個方面來理解和描述自我。一方面是從主體的角度來理解自我，這種意義上的自我通常是指自我意識。提及自我，一般人可能馬上會想到自我意識。人類作為高等動物在進化過程中突然產生了一個轉捩點，就是出現自我意識和語言能力，從此人類的存在與其他高等動物有了本質的不同。自我意識和語言能力說明人類在預測未來、改造自然的推理和比較思維方面獲得了突飛猛進的發展，並形成了質的飛躍，人類也一躍成為萬物之靈。但是另一方面，人類對於自身存在境遇的自覺意識，比如生命的偶然性和生命有限性的覺知，又令人不寒而慄，使人產生了遠遠多於其他高等動物的焦慮和恐懼體驗。人的經驗中會出現有關生命有限、生命偶然和生命結束的覺知。

自我意識有時也指我們正在思考或正在覺知的主觀意識。歷史上第一個論述自我意識的人是法國哲學家笛卡兒（R. Descartes），他經過自我懷疑和反思得出結論，認為人類什麼都可以懷疑，唯獨存在著一個不能質疑的精神現象，那就是「我正在懷疑本身是不能再懷疑的了」，所以唯一可以肯定的是「我思故我在」。然而，實驗心理學家對於自我意識並不太關注，因為這個現象比較簡單、直觀，自我意識的思考只是哲學家的偏好。現代心理學中，只有存在主義治療理論重視自我意識和自我覺知，並將這種自我意識和覺知與人類的焦慮、疏離感和無意義感等心靈痛苦聯繫起來：自我意識和覺知既是產生人類心靈痛苦的因素，又是解決心靈痛苦的手段。

自尊100句：掌握心理健康的秘訣．*11*

離開人際互動的自我是抽象的，
缺乏自我指引的人際互動是盲目的。

自我意識和自我體驗不等於瞭解自我。否則，我們就沒有必要寫這樣一本有關自尊的書了。生活中，有的人經常反省，但這種自我反省只是一種習慣，善於反省並不意味著瞭解自我。

成為你自己。

——西方格言

在實際的諮商過程中，筆者發現善於反省的人傾向於高估自我瞭解的水準，他們經常說：「難道我還不如你瞭解我自己嗎？我每天三省我身，即使不能說完全瞭解自我，起碼也比一個陌生人瞭解我吧。」可惜，這種自信往往是錯誤的，如果自我意識等於自我認識和自我瞭解，那任何人都能自己治療心理疾病，心理諮商這個職業也就沒有存在的必要了。

自我意識與瞭解自我有許多不同。首先，**自我意識只是指將注意力轉向了去體驗自己的感覺和從我的角度來體驗事情，不等於理解和認識自己**。人的注意力是有限的，要麼轉向外界、注意外界的事情，要麼專注於內心的體驗，不可能同時注意兩者。擁有自我意識的人有一種習慣，喜歡觀察自我，習慣於從自我的角度來觀察事物，這可能僅僅是指一種內向的性格，也可以指從小受到評價與批評的習慣或心靈創傷。從心理健康的意義上說，過度關注自我和反省自我恰恰是心理不健康的標誌之一。已經找到了生命意義的人不會經常問自己「生命的意義是什麼」，也不會問「我從哪裡來，向哪裡去」這類問題，他們投入行動、實現生命的意義；一個高自尊者從來不必問自尊和自我評價是什麼，因為他們忙於實現自己的抱負和開發自己的潛能。而心理治療實例也顯示，患者在心理疾病好轉後，就能不那麼關心自我意識，甚至開始變得外向，把主要精力放在如何唱歌跳舞、參加集體活動上，他們自願停止了探索自我的活動，也不必找心理醫生聊天了。心理學的研究一再顯示，外向的人比內向的人更加幸福，外向與積極情緒相關度更高，而與憂鬱呈負相關關係。

認識自我不但需要自我反省和自我意識，也需要相關的心理學知識，心理方面的各種諮詢與治療理論都提供了認識自我的知識系統，現代社會心理學和有關自我的心理學研究則提供了更多有關自我的知識和概念。自我意識和體驗不等於自我的知識。比如一個人因牙痛前來就醫，他對於自己牙痛的體驗和意識非常熟悉，但由於他沒有系統學習過有關牙齒的病理學知識，並不知道該如何處理和治療牙病，也不知道如何消除疼痛。而牙醫由於掌握了有關牙病的科

自尊100句：掌握心理健康的秘訣 · *12*

自尊是一把量尺，反映個人覺察的過去、
現在、未來的人際關係價值。

學知識，所以比病人更瞭解其牙齒健康狀況，還能預測病人牙病的發展、有能力治療牙病。牙醫比病人更加瞭解牙痛是怎麼一回事，因為牙醫系統掌握了有關的知識。

其次，**自我意識作為一個主觀現象，有其活動和運作的規律，而這個規律不能通過直接的體驗去瞭解**，體驗只能知道表面上的意義和感受，卻不知其內在聯繫。比如，你經過反省意識到你正在嫉妒一個人，但你的經歷和自我推理及邏輯如何使你產生嫉妒的想法、情緒和行為，卻是一個相當複雜的過程，需要有深入的分析和理論的指導。更何況，在意識的背後是大量無意識或潛意識的心理活動，人的心理活動大多是自動加工和形成的，借助自我意識不可能認識潛意識的活動，而認識自我必須瞭解這些潛意識的活動規律。

最後，**自我意識只是一種初步能力，是說一個人有了認識自我和瞭解自我的願望，而要深入認識自我往往需要一個探索的過程**。這個過程不僅需要智慧，也需要接納自我和整合自我的勇氣。也許你的本真自我中，就有恐懼、自私、不合群和吝嗇的一面，認識你自己意味著你不僅要如實面對它們，還要通過自己的努力去整合這些缺點，用你的美好品質去消化自身消極的品質，這也許涉及保持接納與改變的平衡。這是一個將自己與比自己更廣大的世界相聯繫的過程，是一個自我改造和重生的過程，也是一個自我解放的過程。

自我意識和自我反省指一個人經常回到對自我的體驗上，然而，自我是很複雜的，由多個部分組成，意識與反省不能瞭解和認識它。在生活中，有一些人即使不經常反思自己、不把自我當作認識的對象，也有可能瞭解自我，因為他們善於承諾，並能有效地行動，比如電影《阿甘正傳》中的主人翁阿甘輕度弱智，但經常對自己說「小時候媽媽這樣告訴我……」，他也許不善於思考自我意識，卻非常瞭解自己的需要，善於做出正確的選擇，勇於對自己的行為負責，誰能說他不是一個比自我意識強的人更為瞭解自己的人呢？所以說，自我意識不等於認識自我，跟認識自我的距離還相當遠。

自我評價不等於自尊

自我評價一般是指人們評價和看待自己所作所為的過程，比如認為智力是高還是低、外表好看還是不好看、別人喜歡還是不喜歡自己。這種評價會影響

自尊100句：掌握心理健康的秘訣 · *13*

每個人都是主觀的，主動建構自我，
很難知道別人如何感受自己，知道了也不一定相信。

自尊，但不等於自尊。

一般而言，自我評價側重於對自己的行為結果做出客觀的評價和判斷，比如依據自己的能力和表現對自己做出評價。**自我評價是一個人對自身特點和角色的看法，因此相對客觀與中性**，比如：我是一個體重偏胖的人，我是一個黃頭髮的人，我是一個外向的人，我今天做了一件不光彩的事情，我吃了一個好吃的東西……這種評價不帶太多的情緒色彩，只是如實反映了對自己的看法。

相比之下，**自尊是一個人對自己的情緒感受，通常是主觀的**。自我評價可能不帶有感情，不涉及是否喜歡與接納自己的感受。即使一個人的自我評價是「缺少自信」，他也可能喜歡自己，因為低調是他的做人原則，他認為謙虛是一種美德。

另外，**自我評價通常是指對生活中某一件具體事情的評價**，與發生的環境有關，比如「今天考試真糟糕」、「我受到了大家的嘲諷」、「我受到了老師的批評」，於是我感覺很不好；或者相反，「我受到了表揚」、「我在運動場上覺得很有信心」，所以我感覺很棒……等等。而**自尊是一種整體和穩定的自我感**

覺與自我評價，來自童年時親子關係的記憶和經驗，具有相對的獨立性和對具體自我評價的調節性。比如，高自尊者受具體失敗事件的影響相對較小，而一個低自尊者失敗後會產生特別糟糕的感覺。

應當指出的是，這種自我評價可能與他人的感知不一樣，比如一個自認為很有吸引力並很受歡迎的人在實際生活中可能並不受歡迎，只是他自己這樣認為，而另一個自我評價為缺乏自信、不受歡迎的人可能在真實的生活中頗受他人歡迎。無論真實的情況如何，人們的思想和行為總是受自我評價的指引，而不受真實情形的影響，因為每個人都是主觀的，主動建構著自我，並相信自己就是那個樣子的，而不管別人到底是如何感受自己的，他不僅很難知道這一點，即便知道了也不一定相信。

自尊還可能與自我評價衝突，比如，一個認為自己有吸引力並很受歡迎的人可能會感覺很差，他知道自己有吸引力並受到歡迎，但自己並不是真的高興，更沒有感覺到自己的價值。可能他並不看重魅力，而是對於取得成就更加在意。而一個自認為長得不好看的人，卻對自己充滿熱愛和價值感，他不太在意自己的外表，但就是感覺良好，他相信自己是可愛的，自己有能力不依靠外

自尊100句：掌握心理健康的秘訣 · *14*

不確定別人對自己肯定與否，是人們最主要的焦慮；
當恐懼與懷疑變成一貫的態度和行為，就形成低自尊。

表滿足人生的需要。

自尊的五個內涵

那麼什麼是自尊呢？自尊是一種人們感覺自己的特定方式，是看一個人是否珍惜自己、看重自己。這種自我價值感的主要功能是調節人際關係，即在人際關係中體現出來的價值感，它源於童年時親子關係的自我記憶痕跡，是穩定而具有統轄功能的自我觀念。

讓我們來具體分析一下「自尊」這一概念的含義。

1. **自尊是指一個人對於自己是什麼樣的人的一種整體感覺**。「感覺」（feeling）一詞含有直觀、評價和情感的綜合含義，並形成了意義和價值。正是這種充滿情感的真實感受，形成了自己是有價值還是無價值的信念。自我評價是指一個人不帶情緒地看待自己，而自尊是指帶有情緒地評價自己，是對自己是否有價值的一種感覺，比如喜歡與討厭、肯定與否定。

多數心理學家認為，自尊呈現的是一個人對自己的偏愛態度或自戀程度，也可稱之為自我關注或自我投射。一個人在看待自己時一定是帶著態度和情感的，不可能無動於衷。評價自我不像評價一個數學公式或一個景觀，一定帶有深深的情感投入或介入。

自尊是有關自己是什麼樣的人的整體感覺，它不同於發生在成功與失敗、接納與拒絕之後的具體事件而形成的暫時的自我價值感。

這種**暫時的自我價值感叫作自信或者狀態自尊**（state self-esteem）。每時每刻，人們的自我價值感都會發生變化，人們會接收不同的結果回饋，比如剛才你得知考試得了第一名，自我價值感大增，而一會兒又受到朋友的孤立，而後情緒低落，自我價值感蕩然無存，這些是正常的波動，不代表整體自尊。自尊的整體性是說，自尊是一個穩定的人格因素，它相對獨立，不太受這種一時一刻的結果的影響，反而會調節這種具體的成敗。比如一個高自尊者經歷失敗後不會感覺自己就是一個失敗的人，他只是感覺受了點打擊，但不會被打垮。當然，一個人多少也會被事件的具體回饋和具體事件帶來的自我價值感所影響，但整體自尊決定了這種影響的大小。自尊心理學把這種**整體穩定的自尊稱為特**

自尊100句：掌握心理健康的秘訣 · *15*

自尊一經形成便相對穩定，反過來調節人際關係，
影響人們對未來交往的預期與判斷。

質自尊（trait self-esteem）。

但我們也要看到，整體自尊受事件的具體回饋或自信的影響，有兩種特殊的情況可能會引起整體自尊的變化：一種是重大的人生事件，比如離婚、罹患癌症或者晉升，這些都容易影響整體自尊的變化；另一種是長期的、普遍的處境，如果一個人長期處在失敗中，或者人生的各個方面都失敗了，比如家庭不和睦、工作不順利、孩子學壞、遭朋友離棄，他的整體自尊也會發生改變，甚至會得憂鬱症。再健康的整體自尊也難免不受這種明顯的、普遍的行為結果的影響。

2. **自尊來自早期經驗**。自尊源於早期親子互動的記憶，它更像一個磁片，記錄著早期的經歷，包括受人際關係的情感影響，因此它是大腦發育關鍵時期形成的有關自己是什麼樣的人的印記。所以，自尊包含著早期人際關係的影響和對他人價值的信念。

3. **自尊既是有意識的，又是潛意識的**。自尊這種帶有情緒的自我評價既是有意識的加工和思考，又是自動進行的，心理學上把後者叫作內隱性加工。自尊的加工過程可以劃分為有意識與無意識兩個系統，前者遵循邏輯的、理性的原則，能被個體察覺並且進行自我報告，它被稱為「外顯自尊」（explicit self-esteem）；後者則產生於以潛意識經驗為基礎的自動過程，它反映了個體在評價與自我相關事物時不受意識控制的態度傾向，而且一般不能經由內省識別，因其潛在性、內隱性而被稱為「內隱自尊」（implicit self-esteem）。

4. **自尊的穩定性與不穩定性**。自尊是一種帶有情感的自我態度，一經形成便相對穩定，你走到哪裡，它就隨著你走到哪裡。但是，自尊也有不穩定的一面，在某些人身上具有易變性，這種易變性正是低自尊者的一個特點。

5. **自尊可以分為高自尊和低自尊**。高自尊者高度熱愛自己、喜歡自己，對自己是一個好人這個論斷充滿信心、毫不遲疑，因此經常活力滿滿和具有正能量，生活風格豐盛而樂觀。他們認為自己是優點為主，缺點為輔。他們經常戴著玫瑰色眼鏡看自己，經常充滿自我喜悅。而低自尊者則顯得不夠積極，對自己的看法和情感偏於保守，覺得自己優點和缺點對半，甚至缺點比優點多。他們搞不清楚自己的情感和評價，不知道自己究竟是什麼樣的人，因此心情時好時壞，情緒也不穩定，容易受環境影響。有關自尊的研究發現，低自尊的本質

自尊100句：掌握心理健康的秘訣 · *16*

滿足需求是我的權利，不可恥、不須自責；
人不一定要損己利人、為他人付出、高尚獻身、不求回報。

不是消極，而是不夠積極。注意，不要把低自尊與自卑相混淆。很多人把自卑與低自尊相提並論，其實自卑與憂鬱有關，相當於病態低自尊。這種人對自己的看法和情感不是不夠積極，而是怨恨和攻擊自我，經常具有自動的恥辱感和愧疚感。

自尊讓我們感覺積極的自己

我們把自尊理解為一種對自己的積極感覺，包括自我肯定、自我熱愛、自我的積極評價和積極解釋，可以具體地從兩個方面進行描述：

自我肯定與掌控感

首先，自尊是一種對自己能力肯定的整體感覺，也可叫作掌控感、勝任感，就是能夠對世界施加影響的感覺。布朗（R. D. Brown）是美國研究自我問題的專家，他認為掌控感不是指宏圖大志和自信的態度，即相信自己一定會成為偉大的人物，而是顯現在日常生活的各個層面，它是指我們專心做一件事情或努力克服困難的過程中獲得的感覺。掌控感高的人具有很強的執行力，而不是天天只會承諾。

比如，旅遊時，我們請某人表演一個節目，他簡單地想了想，然後就自如地唱了一首老家的民歌。他也許唱得並不好，但他很專心、投入，一點也不靦腆，顯得大方得體、專心致志，把注意力都放在了表演上，而不是自我的表現上，人們順應他的大方與專心，感覺自然流暢，我們姑且稱之為自我信任。這種自我信任不是裝出來的，也不需要承諾，而是發自內心的。這種掌控感與能力本身不是一回事，也許此人五音不全、表演蹩腳，但他對自己的行為和能力表現出非常好的自我感覺，毫不矯揉造作，呈現了一種掌控表演過程的愉悅。這種對自己能力和表現的無條件的熱愛和相信，更多的是一種情感，而不是評價。

另一個人平時一個人愛唱會跳，但大家一請他唱歌，他就緊張害怕，在長長的沉默中回想自己最拿手、能獲得好評的歌曲，結果沒有一首是自己滿意的。雖然他的表演能力很強，但一想到自己一定要一鳴驚人，必須給所有人留下好印象，他就開始害怕，聲音發抖，甚至忘了歌詞。他缺少投入與專心，總

自尊100句：掌握心理健康的秘訣 · *17*

父母相信孩子，孩子就有自主性，也能自我約束；
通過與父母的信任和依戀，我們學會信任世界。

是先考慮面子和尊嚴，因此不是一個高掌控者。也許他內心希望自己是一個了不起的人物，但他在日常生活中根本表現不出這種整體的自我信任的特質和感覺，所以他是一個沒有力量的人。掌控感更接近自主、主動、自發等動機與態度，而不是能力問題。

歸屬感與自我熱愛

其次，自尊是對自己生命或存在的無條件的喜愛和尊重的感受，布朗稱之為歸屬感。這種感受起源於童年的社交經驗。所謂無條件是說一個人對自己的喜愛和尊重，不取決於自己身上的任何特定品質和原因，而只是取決於自己是一個生命個體：「我是可愛和有價值的，只是因為我在這裡，而不是因為我做了什麼成功的事情或討人喜歡的事情。」這種自我悅納的好感覺是指，無論發生了什麼事情，我們都會受到尊重。

這種自我熱愛的感覺是自尊的核心內容，也是自尊最為重要的適應功能。它令人保持穩定的內聚力和整合性，以不變應萬變，在逆境面前，表現出堅定的意志和自我認同。

對於自我的悅納和熱愛，這種感覺的形成離不開撫養人無條件的愛和尊重，是撫養人態度的內化，但自尊一經形成便具有一定的穩定性。一旦我們學會了戴著玫瑰色眼鏡看自己，便不會輕易被周圍人所影響。我們會主動地加工周圍人對我們的看法，並把這些態度加工成與我們一致的感覺。

比如，一個高度熱愛自己的人，如果聽說別人認為自己不夠風趣，並不會因此而產生太多不好的感覺，因為他清楚自己是什麼樣的人。相反，不那麼熱愛自己或對自己感覺沒底的低自尊者，聽到同樣的評價後會降低自尊，並且沮喪很長一段時間。他們可能會奮起反駁，從而保護自己脆弱的自尊。

我不是別人

從個體內部角度看，自尊反映了一個人成為獨特的自己、一個與眾不同的人和與他人分離的程度，反映了一個人有主見和定力、具有自主性和獨立性的程度。自尊可分為高與低兩種。通常高自尊者能夠保持自己的獨立性和自我肯定，不輕易受別人的影響，他們熱愛自己，具備掌控感和勝任感，清楚自己是什麼樣的人，基本上懷著積極的情感來對待自己。他們不依賴別人，與他人保

安全依戀形成歸屬感與掌控感；這是動機不是能力，有助克服緊張，將心理資源聚焦在自我實現上。

持清楚的分界，堅持獨立見解，少有自我懷疑和害羞靦腆的感覺，行動有效、果斷與專心，意志堅定。高自尊者傾向於成為與別人不同或是獨特的個體。我就是我，我不是別人。西方有句諺語很好地表達了這種高自尊者的心理特點：「瘋子說『我就是林肯』，神經症的患者說『我希望成為林肯』，正常人說『我是誰？我不是林肯，我就是我自己』。」而低自尊的人則很少具有這種獨立性，他們不是過於依賴別人，就是恐懼和害怕別人，他們弄不清楚自己是什麼樣的人。他們常常不是好高騖遠，就是妄自菲薄，對自己的看法非常模糊，不確定自己是不是有價值和可愛，所以往往通過補償手段，即依靠取得一鳴驚人的成績來向別人證明自己的價值。他們容易受他人影響，情緒時好是壞，成功時覺得自己完美無缺，不成功就認為自己一無是處，對自己的感覺和態度容易走極端，因此抗挫折能力和幸福的能力都受到損害。

目前有關低自尊問題的研究，證明了這種劃分的有效性，並證明了上述結論。然而，自尊不僅涉及個體內部對自己的態度和情感，還涉及人與人之間的關係。有關自尊的定義離不開人際關係。

自尊是人際關係的調節器

自尊僅僅是一個涉及個體與自我的變數，還是在本質上表達了人際關係的內容並與自我有關呢？

個人與人際

支持前一種理論的人，比如羅傑斯（C. R. Rogers）和羅洛．梅（Rollo May），認為自尊是指個人私下的自我價值和評價，與他人對自己的態度和看法無關。比如，高自尊者通常根據自己的內在標準來評價自我的價值和好壞，而不受他人評價的影響。如果一個人的自我價值感有賴於別人的看法，那通常是非本真的、有條件的自尊的表現，這是適應不良的特徵。這種觀點認為，自尊是隱藏在人內心深處的結構，像心肝脾肺腎等器官一樣，是獨立的、自主的結構。作為一種心理結構，自尊起著篩檢程式的作用，會讓人主觀地看待自身的行為和事物。它的作用是使我們感覺到自身有意義，引導我們如何看待自己、如何看待他人對我們的看法並告訴我們應當如何行動。它解釋著我們的經驗的意義，指引著我們追求經驗的類型，它是我們的眼鏡，使我們的社會知覺

自尊100句：掌握心理健康的秘訣 · *19*

低自尊對自己的看法模糊，加上對依戀的不安與迴避，對自己價值不確定又懷疑他人善意，就形成自尊困擾。

變得有色彩。

這個理論的合理之處在於，認識到了自尊一經形成便相對穩定、能獨立地發揮作用，並會影響人們對世界和自我的看法，但這種理解太過於個人主義了。如果我們瞭解自尊的形成過程，就不會這樣只從個體內部結構、個人自主與獨立的角度來看待自尊了。

聯繫到自尊的起源並瞭解自尊發揮作用的過程，就會發現自尊的主要功能是處理和協調人際關係，個人對自己的熱愛與接納一定會涉及你─我關係，自尊本身就是一個人際關係的加工過程。

後一種觀點站在人際關係的立場上來看待自尊，認為自尊不是一個人的內在過程，而是涉及人際關係互動的過程。這種觀點主要不是關注自尊如何調節個體的自信行為，而是關心自尊在現實中是如何起作用的。定義自尊要看其功能，也要根據其功能來理解自尊。

根據人際關係理論，內在的自我經驗結構一定與人際互動有關，內在結構和人際關係是一枚硬幣的兩面，**個人的自我概念與其心中的他人意象密不可分，我們的自我只能存在於與他人的關係中。**內在的結構具有獨立性，但必須受到人際關係的滋養，而人際關係也需要內在的指引。離開了人際互動的自我是抽象的，而缺乏自我引導的人際互動則是盲目的。

社會量尺理論（Social Scale Theory）認為，自尊的功能是維繫人際關係，自尊本身是無意義的，自尊不過是一把量尺，它反映的是一個人所覺察的過去、現在和未來的人際關係的價值。如同汽車的油表，它本身沒有意義，它的功能才有意義。自尊所反映的是一個受到他人接納還是拒絕的情況及其與過去類似的經歷與記憶，因此它調節著人際關係。

互信與社交焦慮

從進化的角度看，人際關係是人類最為重要的基本需要，一個人的生存離不開其他人，一旦離開他人，個體不僅會感到孤獨和寂寞、失去重要的快樂之源，而且根本無法生存。人們需要合作與信任，要聯合起來應對大自然的威脅，只有合作才能征服自然，只有彼此信任才能戰勝敵人。所以，人類生存的

自尊100句：掌握心理健康的秘訣 ·*20*

人們面對難題時，對人性的不同觀點，
決定了以問題應對或以自我應對的不同策略。

基本需要之一就是確定自己在群體中的位置，要確信別人是否接納自己、是否喜歡自己。總之，一個人要生存在這個世界上，要做的最基本的事情就是了解別人對自己的態度：是肯定的還是否定的，是接納的還是排斥的。當一個人不能確定這一點時，**當一個人擔心受到群體的排斥、他人的嘲笑時，當一個人害怕別人拒絕自己的善意時，他往往是非常焦慮的，這種社交焦慮也會是他人生中最為主要的焦慮**，而這種焦慮與自尊有關。

自尊恰恰是這種人際關係的調節器。我們說一個人高自尊，是指他對於別人對自己的接納與友善、幫助與合作充滿了信任，他相信自己值得別人愛，自己在別人眼中是可愛的，他感覺自己容易被人接納和熱愛，無論過去、現在和未來都被他人看作有價值的……他對此深信不疑。而我們說一個人低自尊，是指他懷疑自己作為關係夥伴的價值，或者說他傾向於相信自己是不可愛的、不被他人或群體所接受，他人可能是一種威脅、可能瞧不起自己，他還會把這種懷疑投射到未來。

反過來也可以這麼解釋：當一個人具有群體歸屬感時，當他感覺到自己有人愛或被接納時，當他感覺周圍的人都沒有敵意、都是可以信任和合作時，他就是健康自尊的；而當他感覺到別人不愛自己、對自己不信任和充滿敵意，或者拒絕自己時，就會處於一種不健康自尊的狀態。

形成強烈的情感

自尊的形成也體現了這種人際關係的特點。如果一個人在童年時期與父母建立了安全的依戀關係，父母對孩子無條件接受、給孩子充分的人際互動的安全感，孩子就會對他人形成一種相對穩定的信任態度，占主導地位的是親和的動機，個體會有接近人的傾向。我們把這種人格稱為健康的自尊，這種人具有親和力和內聚力，對自己很可愛和能被人接納非常自信。如果一個人在童年時期，父母因為自身性格或其他的原因，與孩子關係疏遠，冷漠或嚴厲地責備孩子，孩子就會形成對他人的懷疑與恐懼，認為他人是不可信任的、不可合作的，是競爭對手、會威脅到自己。這種對他人的恐懼與懷疑會變成一貫的態度和行為方式，形成低自尊的人格特質。這種人一生中的主導動機是提防別人和自我保護。所以，一個低自尊者常常不能有效地滿足自己的人際交往需要，他總是在人際關係方面出問題。在人際交往中，他不是過於依賴他人，就是過於懷疑別人，對於別人對自己的善意和合作不能充分信任，不是一個獨立的

自尊100句：掌握心理健康的秘訣 ·*21*

需要對方，又擔心對方不支持自己，就會感到焦慮；
自我價值感要依賴別人的看法，正是自尊適應不良的特徵。

個體。

社會量尺理論很好地解釋了自尊為什麼會帶有如此強烈的情感，**為什麼在自尊的影響下，人們會如此驕傲或內疚地看待自己，不是產生自豪感，就是形成羞恥感**，原來這些都與人際關係的基本需要能否得到滿足有關。

從上述社會量尺理論出發，我們也能夠解釋，為什麼一個只是愛自己、只是做到肯定自我但不能信任別人的人，不僅不是健康自尊者，反而可能是病態的自尊者，或者是一個隱蔽的低自尊者。因為他懷疑別人，不相信別人可能是合作者和幫助者，而是確信他人會嘲笑自己、看笑話、幸災樂禍，甚至是惡毒的。所以，這樣的人缺少安全感，他會產生自尊的偏差，即自尊不能如實反映或調節人際關係，他的所謂高自尊是片面的、不完整的。

價值觀與聯結力

自尊在形成的過程中，會受到人際關係的影響，但自尊一經形成便相對穩定，又反過來調節著人際關係，影響人們對未來人際交往的判斷。研究顯示，自尊影響人際交往，主要通過預期的方式來影響他人，個體所相信的「他人是否接受自己」的觀念影響並調節著他今後人際交往的行為，特質自尊（即自尊的性格）可以被建構為在缺少明確人際反應的條件下，個人對即將發生的人際互動的預期和看法。它是一個尺規，或是一個溫度計，反映著個體在人際關係中的相對位置和性質。個體通常把對當前的人際關係價值的看法帶入到自尊中，然後通過這種你—我關係的評價和預期，來決定自己的行為、情感和價值。

例如，在參加面試之前，一個高自尊者會發自內心地認為：面試主管就像自己的父母一樣，是充滿善意的，他們不會太挑剔，主要是要挑選適合工作職位的員工；自己是可愛的、有價值的，只要正常表現就可以了。於是，他就可以安心地準備面試，雖然也不免有些緊張，但不至於發揮失常或失眠。而一個低自尊者則傾向於認為面試主管都是大人物，「來者不善，善者不來」，他們見多識廣，擔心自己被人瞧不起。自己的經歷和資歷也一定比不過其他競聘者，千萬可別丟臉，別讓人看出自己心虛。他要求自己一定要超常發揮，給面試主管留下深刻印象才行。可是越是這樣想就越是會緊張，結果徹夜失眠，面試當天臉色和感覺不好，面試時表現失常。

自尊100句：掌握心理健康的秘訣·22

接納自己出於內心情感，是學不來的；這是自尊的核心內容，也是適應功能，讓人以做事為中心，不以自我為中心。

真實的情況是，高自尊者可能根本不會想到面試主管的態度，他只是感覺見陌生人太正常了，因為每天都會見到陌生人，陌生人從來就沒有什麼可怕的，即使是有權威的陌生人；而低自尊者的反應則完全相反。

上述自尊的兩個方面並不是相互衝突的，而是相互補充的。一方面，為了與大家保持和諧的關係，一個人必須既有趨同而分享集體利益和觀念的一面，又有獨立的一面。一個人只有擁有獨立見解、勇於承諾，才可能與人平等地交往，否則就是放棄自我、失去自我。**而一個人越是獨立自主，就越是會相信別人，相信他人與自己一樣也是相信他人獨立性、有著相同需要的人。**一個人越是獨立自主，就越是會成為有聯結能力的人，因為聯結是自主追求的終極目標；而聯結能力越強的人就越是一個自主和有個性的人，因為他已經滿足了聯結的需要，感覺到人際安全了，人際關係不再困擾他，他就會主動地成為一個獨特的個體，成為自己最想成為的那個人，即成為一個自我實現的人。安全、積極的人際關係環境，有利於一個人充分發揮其潛能，成為個性的自我實現者。誠如有人所說：「我越努力工作就越熱愛家庭，我越熱愛家庭就越努力工作。」

完整、健康的自尊一定同時包含個體自主和人際和諧兩個方面，二者缺一不可。

自尊是整體感覺良好

自尊作為一種整體的良好感覺，具有兩個重要的功能：一是在人面對挫折與失敗時，不會產生嚴重的情緒反應，不會過度自責，不易得憂鬱症；二是增加與他人相處時的良好感覺。眾多的研究都顯示，健康自尊者較能夠承受打擊與失敗，面對失敗時的心情與反應比低自尊者要好。

自信

人類社會與動物界一樣都存在著等級制，尤其是在現代社會，貧富差距與權力的差距進一步加大，社會地位低的人面對社會地位高的人非常容易產生低下感，比如學生對教師、部門經理對總經理、科長對處長、保姆對主人、普通人對明星等。這種感受通過低自尊表現出來，與他人無意中的社會位置進行比

自尊100句：掌握心理健康的秘訣 · *23*

自我評價是指不帶情緒地看待自己，
自尊則是指帶有情緒地評價自己。

較，從而產生了強烈的身份焦慮。**即使不是真實地面對社會地位更高的人，而是在想像中進行比較，人們也會產生痛苦的情緒**，即羨慕、嫉妒、恨。然而，作為整體感覺良好的健康自尊，可以對身份焦慮免疫。比如，一個具有穩定的健康自尊的乞丐，即使與各界名流相處，也能鎮定自若、侃侃而談，注意力集中於交談的對象上，以事實為中心，沒有自我意識與羞怯，認為人與人是平等的。再比如，一個具有健康自尊的人，即使由於事業不順而失業了，仍然能積極地參加畢業廿周年的聚會，調侃自己的挫折與失業現狀，實事求是地描述自己的體會和困境，並努力尋求同學的幫助。他會把同學聚會當作朋友的相聚，也當作求助的機會。

另外，一個健康自尊者可以愉快地騎著自行車去五星級飯店參加高級論壇，他對貴賤貧富的地位不敏感，因為他認為自己是有價值的、與他人是平等的。

健康自尊者信任他人，面對陌生人或者面對他人的評價時表現得自信，這都是因為他們有安全感。我們可以用「勇敢」來解釋他們對他人的信任。確實，在對他人的信任和主動交往這一行為表現上，健康自尊者比低自尊者更有勇氣，對他人沒有恐懼感和防禦之心。

安全感

然而，我們不能把安全感與自尊相混淆。安全感是指一個人對世界的信任態度和行為方式，安全感高的人勇於探索陌生世界，善於接受新鮮事物，對世界持開放的態度。這種安全感影響著一個人對他人的態度，**具有安全感的人不懼怕陌生人，在陌生人面前能保持開放與信任**，但安全感的外延更大，是指一個人對待世界的整體態度，而不是調節人際關係的特殊心理結構。自尊通常僅指一個人處理人際關係時產生的自我價值感以及與他人的距離感。比如，當一個人面對大自然、進入叢林時，他的安全感調節著他的行為，讓他選擇是逃跑還是探險，面對野獸時是戰鬥還是屈服。

當三個人在一起時，其中一個人自然會對與另外兩個人的關係產生某種基本感覺，當見到另外兩人關係親密時，他的反應是信任的、合作的，認為另外兩人關係好對自己不是壞事，他們不會對自己構成傷害，他們關係好，說明他們是好人，對自己也會更好，這種態度就是健康自尊。而低自尊者則傾向於

自尊100句：掌握心理健康的秘訣 ·*24*

自尊是大腦發育關鍵時期形成有關自己是什麼樣的人的印記。

認為，另外兩人關係親密，會對自己構成妨礙，他們可能會排斥自己、孤立自己，他們背後說悄悄話就是在議論自己。另外兩人關係好，說明自己是一個差勁的人。一個人只要與他人在一起，自尊就會跳出來起作用，就會來調節人際關係。

安全感對於自尊具有重要的影響，一個安全感強的人容易信任自己和別人，與人相處時自然輕鬆，能夠產生健康自尊。安全感通常影響自尊的性質。

愛與信任

另一個與自尊有關的概念是愛。愛通常專指人際關係，與自尊的作用有相似的一面，但是兩者又有很大的不同。愛與自尊有什麼關係，又該如何區別二者呢？首先，愛反映了人與人之間的親密程度，即表現了你對他人的態度是積極還是消極，愛主要代表一種對他人的需要與依戀，**愛是情感式的，因此是盲目而強烈的，而自尊不是情感，只反映一個人對另一個人的心理距離或者是信任的程度**。顯然，對他人的信任與接受、善意與接觸的態度在情感的程度上遠遠不如愛來得那樣強烈。

其次，作為一個人對另外一個人的情感，愛是在交往中自然形成的，是客觀存在的事物，是長期互動的一種結果。而自尊則是童年時期親子關係形成的人際關係的調節器，決定著一個人對一般人的態度。

最後，愛還代表一種主動性，愛使人關心和照顧他人，甘願為他人付出。愛通常發生在熟悉的人之間，是私下的而不是公開的。而自尊則發生於陌生人或者不太熟悉的人之間。比如，長期生活在一起的夫妻之間通常只涉及愛，而對自尊則較少涉及；一個人買名牌手錶不是給妻子看的，而是給關係較遠的人看的。

愛的關係在深度上遠比自尊關係深入，當強烈的愛情產生時，自尊的作用就變小了。愛的感情程度遠比自尊強烈。

反過來，自尊也會影響一個人的愛。自尊作為對一般人際關係的調節，或者對較為抽象的人的態度與看法，是一個常見的人格特質，它影響或調節著一個人對於特殊的人的愛和看法。比如，一個健康自尊者對於他人具有一般的信任態度，當自己的愛人回家太晚或不接電話時，不會聯想到他有外遇了；而一

自尊100句：掌握心理健康的秘訣 ·*25*

低自尊者很難意識到低自尊，較容易體驗到焦慮；
焦慮的不是實質損失，而是錯誤決定造成的糟糕感受。

個低自尊者不信任自己的價值和他人的態度，在同樣的情況下就會產生懷疑與猜忌。

另外，健康自尊者因為信任自己和他人，也容易找到愛人，而低自尊者喜歡懷疑別人，容易產生社交恐懼，所以不容易找到心上人。從外延上來說，安全感最廣泛，泛指個體對自然和人的信任態度；自尊其次，是指對一般人的信任態度；愛情最為狹窄，僅指對特殊的人信任的態度。

自尊水準測驗

本書主要把自尊理解為人際關係的社會量尺，反映你與他人的一般心理距離和社會位置的感受，我們在此推薦並介紹德克薩斯社會行為問卷（Texas Social Behavior Inventory）。

請指出你在多大程度上同意如下說法，並在最能代表你感受的數字上圈選。

1 沒有描述我的特質
2 沒有很好描述我的特質
3 部分描述了我的特質
4 較好描述了我的特質
5 很好地描述了我的特質

德克薩斯社會行為問卷	
1. 除非別人先和我講話，否則我不會主動跟別人說話	1 2 3 4 5
2. 我認為自己是自信的	1 2 3 4 5
3. 我對自己的外表很有信心	1 2 3 4 5
4. 我與人相處很好	1 2 3 4 5
5. 在人多時，我很難想到適當的話題	1 2 3 4 5
6. 在團體中，我通常做別人想做的事情，而不是提出自己的建議	1 2 3 4 5
7. 當不同意別人意見時，我的觀點總能獲勝	1 2 3 4 5
8. 我認為自己是一個想掌控局勢的人	1 2 3 4 5
9. 別人很仰慕我	1 2 3 4 5
10. 我喜歡與別人在一起	1 2 3 4 5
11. 我強調正視別人	1 2 3 4 5
12. 我似乎很難讓別人關注自己	1 2 3 4 5
13. 我寧願少為別人負責	1 2 3 4 5
14. 身邊有權威性高於自己的人時，我不會覺得不舒服	1 2 3 4 5
15. 我認為自己優柔寡斷	1 2 3 4 5
16. 我毫不懷疑自己的社交能力	1 2 3 4 5
分數計算：把負面問題1、5、6、12、13、15的得分反過來，1＝5分、2＝4分、3＝3分、4＝2分、5＝1分，然後把16個題目的總分相加，分數越高，顯示自尊水準越高。	

表2–1

第三章

・

自尊如何生成？安全依戀為何重要？

自尊的形成主要是基於親子關係及其交往經驗，認為自己是有價值的、是可愛的自尊體驗，本質上反映了歸屬感。正如布朗（R. Brown）所指出的，歸屬感是指無條件地喜歡或者被尊重的感覺，它不需要任何特定的品質和原因，而只是取決於這個人是誰，這給人們的生活提供了安全的基石。「它給人這樣一種感覺，即無論發生了什麼事情，他們都會受到尊重。」然而，在現實生活中，一個人不可能每天都受到來自他人的尊重和信任，相反，衝突與猜疑反而可能是常態。那麼，是什麼神奇的力量使一個人相信自己在別人的眼中是無條件被接納的，以至於無論發生了什麼、自己作為人都是有價值的呢？

來自父母無條件的愛

人們對自己是否有價值、是否可愛的看法，是一種內部的關係和一個內部的溝通過程。那麼，是誰相信自己是有價值的呢？這其中有兩個我，一個是主體的我，即意義的發起者，它做出一個論斷：「我是有價值的，我相信在別人眼中，我也一樣有價值，能夠被集體或他人所接納。無論我做了什麼，別人都會理解並接納自己。」另一個是客體的我，認為我存在本身就是有價值的，我有價值並不在於我做了什麼有價值的事情。整體的自我分成了兩個部分，一個是用來做出判斷的，另一個是被判斷的對象。這種自我評價過程是人類特有的能力，與人類使用符號和語言溝通有關。

成長與自我保護動機

這種溝通的過程是早期習得的一種習慣。自尊不是先天的心理結構，而是後天習得的經驗，但承認這一點並不是說先天的特質對它的形成沒有影響。發展心理學研究顯示，總體上來說，**人們對待自己的態度取決於早期父母對待孩子的態度**，作為自我肯定的自尊是由父母肯定與積極的態度內化而來的。

人出生時無所謂自尊，只有一個生物學意義上不斷滿足需要的心理特質，它是中性的，由兩套動機系統或需要系統組成，**它的實現與滿足決定了個體的基本情緒和人格發展基調**。第一套動機指向成長，這個動機推動人們去滿足基本需要，比如尋求生理或安全感的滿足、推動個體探索環境，或是尋找滿足的資源。一個嬰兒具有主動尋求與父母聯結的需要，他需要獲得父母的保護。有進化論學者認為，嬰兒出生後的第一聲啼哭就是在尋求父母的關注和安撫，低

自尊100句：掌握心理健康的秘訣 ·*26*

對低自尊者來說，自我感覺明顯與現實生活不一致，
權利與自我肯定是抽象的，從未形成真正體驗和感受。

等動物沒有這種以哭叫來獲得父母關注的能力。

成長的動機驅使人們發展掌握能力、擴大自己的活動範圍，去學習和探究滿足需要的新本領，並驅使人們與他人形成聯結。

與此同時，人們還具有另一套動機，即自我保護的動機。人們追求快樂、滿足基本需要的過程，註定伴隨著危險、不確定和失望，比如在捕食的同時，人們也可能被其他動物所捕殺，消耗了體力也不一定會捕到獵物，反而損失了更多的能量，導致下一次的捕食能力不足。用通俗的語言來說，人們總是既想追求成功，又害怕失敗。

成長環境

嬰兒的需要總是由成年人滿足的，在這一過程中，嬰兒會形成一種有關自我價值的原始看法。如果父母的行為是溫暖熱情的，充分滿足了嬰兒的基本需要，嬰兒就會發展出積極肯定的自我觀念，也會傾向於相信自己是可愛的、有價值的，否則，父母為什麼如此關心自己呢？於是，嬰兒的積極感覺和積極情緒佔據主導，父母的積極態度會內化成他對自己的積極態度。

自尊就像一粒種子，只要置於有營養的健康環境中，就會自然發展和向上成長。在陰暗的地窖中，一個土豆會本能地追逐著透進地窖的一縷陽光，拼命地朝著陽光成長，貪婪地進行光合作用。一個體內缺少鐵元素的豬，會本能地在眾多食物中選擇菠菜吃。只要給人類個體一個健康而具有支持性的成長環境，他就能自然地發展出自我獨一無二的活力和潛能，他清楚自己的特長、優勢、需要和興趣，他會自主地發展自己的愛好以及與人相處的行為和態度，他會成為自我的人力資源和情感資源的開發專家。他可以利用自己現有的能力，發現自己的價值和生活目的。他會跟從自己的內心，遵循著自我實現的道路，毫不彷徨地一往直前。

只要兒童的成長環境是充滿愛的、充滿安全感的，並具有適當的指引和約束，大多數兒童都會發展出樂觀、自信和自尊的人格，他們知道如何主動地關心別人、如何解決困難，還知道在遇到挫折後，如何學會忘記，而不是自責。他們熱愛自己的生命，並對自己的生活賦予價值。他們勇於表達自己的意見和分歧，能夠在尊重別人意見的同時，果斷地堅持自己的觀點，他們擁有充分的

自尊100句：掌握心理健康的秘訣 ·*27*

低自尊者要以無所謂的態度去面對不順利：又能怎麼樣？

少一點自我捲入，多一點向外投入。

安全感，不懼怕任何權威。他們也一定會有煩惱和焦慮，但這些都是有利於問題解決的，會促使他們更加有效而快速地解決問題，以擺脫情緒的困擾。

自尊是對自己價值的肯定和對別人接納自己態度的信任，與無條件的愛有關。兒童應當在充滿愛與肯定的環境中成長，父母必須以無條件的愛與兒童相處，所謂無條件的愛即是說父母不能根據自己的愛好和情緒來養育孩子，而是要以兒童為中心，設身處地地為孩子著想。這是一種大愛，大愛無欲。

我們在一起

信任態度是最為重要的，信任不是推理出的，而是某種以歸屬感為基礎的情感聯結，是接近他人的積極情感和願望，是尋求獲得保護與支援的信心。**父母在滿足兒童需要的過程中，要讓兒童產生某種無條件的可依賴性、可靠性，這就是一種「我們在一起」的感覺。**高自尊者總是信任他人，很少會想到被別人拒絕，他們遇到困難時總是第一時間想到能夠幫助自己的人，面對危險時能夠先向父母或親人求助。他們內心感覺自己並不是一個人存在，而是有一個團隊在幫助自己。筆者認為，這種對他人的信任和依戀應當先於對世界的信任而發展，應該是讓它影響焦慮情緒，而不是焦慮情緒先於它發展。我們的安全感不是我們在征服環境過程中具備的，而是來自我們嬰兒時期父母的態度和養育方式，我們與父母的相依相愛形成了我們對世界的信任。也就是說，我們是通過與父母的信任和依戀關係這一媒介才學會信任世界的。本質上，我們沒有任何能力征服世界，也沒有認識這個世界的理由，只有和愛自己的父母相依相靠，我們才會產生一種膨脹的全能感和幻覺，即只要我們在一起，我就會有無窮無盡的力量，我會連死亡都不怕，世界末日都不害怕，只是因為我們在一起。嬰兒有情感地記憶著這種來自父母的信任感，懷著信心和積極的情感注視並體驗著這個世界。

歸屬感應當是自主性發展的基礎，而不是相反；人際聯結和信任是嬰兒時期發展起來的第一個心理結構，只有借助人際臍帶，嬰兒才能活命。

有關孤兒院裡孤兒的研究發現，沒有獲得父母照料的孤兒，即使基本生理需要得到滿足，仍然會大量死亡。這種人與人之間基本信任感與臍帶感的形成比人們想像中要早，並且是自動形成的。著名精神分析學家艾利克森（E. Erikson）認為，人際歸屬感形成於哺乳階段，可能在一歲左右就已經成熟並終

自尊100句：掌握心理健康的秘訣 ·*28*

表現謙卑與低調，可能符合遺傳利益；
犯錯後自責也是生存適應，失敗後回憶教訓，有助防止再犯錯。

身不變了。人際歸屬感為一個人將來獨自探索世界提供了勇氣，是未來適應陌生世界時的勇氣庫和能量庫。

如果這個階段的父母因為自己的性格缺陷而不能無條件地愛和照顧孩子，表現出粗心、冷漠、惱怒和不耐煩，孩子就會感受並記住這些經驗，從而形成有創傷的人際關係情感記憶，他會覺得他人（一開始是父母）都是不可信的，自己有需要時，他們的幫助是不可獲得的，他們是有威脅的，甚至是可怕的。他或者學會用憤怒、悲傷去引起他人的注意，或者回到自身去體會孤獨，通過追求成就來引起家長的關注。在這一過程中，個體無法有效地解決滿足需要過程中的焦慮和恐懼，從而形成「我渺小」和「我卑劣」的自我感受。

安全依戀的心理健康表徵

對他人的信任會帶來個體的自主性。如果父母是接納的、充滿愛意的，對孩子偶爾的失誤採取寬容和接納的態度，並加以指引，鼓勵孩子、約束孩子、相信孩子的成長，而不是一味地指責和挑剔，孩子就會對自己的自主性加以信任，並相信自己是有能力約束自己的，認為失敗了也不是可恥和有罪的；作為一個人，自己是自己的主人，是行動的發出者，是自己的控制者，只要給予我自由和自主權，我就有能力約束自己，選擇正確的行動。自主性是指聽從自己的感覺而不是他人的命令去行動的情感反應，也意味著自由的空間和堅持自我的勇氣。自主性是安全人格的最為重要的變數，健康自尊者知道自己的愛好和興趣，以本真的情感反應對待個人的生活，從而形成了一定的生活品味。

實驗結果證明了這種理論。鮑爾比（J. Bowlby）的依戀研究發現，當親子之間安全的依戀關係形成後，孩子就會感覺到足夠安全，可以離開父母去探索外面的世界。歸屬感還能促進掌控感的形成。鮑爾比讓十四個月大的嬰兒與母親一起來到實驗室，那裡有許多有趣的玩具。過了幾分鐘，母親悄悄離開，只有嬰兒與陌生人在一起，實驗會記錄下嬰兒在母親離開後的情緒和行為反應。

研究發現，嬰兒的反應可以分為三種類型。**第一種是安全依戀型，這種嬰兒占60%左右**，他們能夠在與母親的親密與獨立中保持平衡。當母親離開時，他們儘管有壓力，但仍然能探索環境，母親回來後他們能表現出與母親的親密，並願意讓母親來參加他們的活動。

自尊100句：掌握心理健康的秘訣 ·*29*

焦慮型的人將自己的特質投射他人，
迴避型的人則將自己不要的特質投射他人。

第二種是焦慮型，約有15%的孩子在意識到母親離開後會大聲哭叫，他們緊張不安，不能獨立探索環境，只有在母親回來後，他們才能感覺舒服些，但仍然黏著母親。

第三種是迴避型兒童，約占25%。母親離開後，他們對此忽略不計，母親回來後沒有表現出熱情，也沒有許多交流，他們喜歡獨自一人玩耍，迴避與任何人親近，而不是尋找安全和依戀。

自尊的產生可能與不同的依戀風格有關。迴避型的兒童可能形成了掌控感，願意探索環境，但缺乏歸屬感；焦慮型的兒童可能表現出了歸屬感，但缺少掌控感，不能獨立探索環境；只有安全依戀型的兒童才會同時形成很強的歸屬感和掌控感，從而形成高自尊。這一理論得到了證明，後來的研究發現，安全依戀型的嬰兒，在學前階段和青少年階段都表現出了更高的自尊水準。

安全的依戀風格形成了成長取向的力量，促進了親社會動機和認知，改進了人際關係的品質。因此，只有安全的依戀才是最為健康的，它促進了個體的聯結感和安全感，使個體更加自信地尋求他人支持，以作為應對危險的策略。

面對危險時，依戀的對象如果是不可靠的，安全感就不會獲得，此時，人們不是尋求親密的互助策略，而是採用直接的情緒調節的策略，但這種情緒調節通常不是最有效的，因為不能真正解決問題。只有當無法改變現狀和解決問題時，才可使用最後的策略。

根據鮑爾比的安全依戀理論，考慮到依戀系統功能的個體差異，研究者認為依戀可以分為不同的工作模型。在這個模型中，個體形成了自我和他人的心理表徵。

圖3-1從自我與他人的態度來解釋依戀的工作模型：當一個人對自己和他人的態度都很積極時，會形成安全依戀；如果對自己的態度積極，而對他人的態度消極，那就是冷漠型；如果對自己和他人的態度都是消極的，就會產生逃避心理，即迴避接觸；當對他人態度積極而對自我態度消極時，人就會產生焦慮，擔心自己能否得到愛、他人是否會拋棄自己。**圖3-2**則進一步地說明了依戀的行為和情緒。

依戀的工作模型可以從兩種角度來分析：**第一種是行為上的迴避與接近程**

自尊100句：掌握心理健康的秘訣‧*30*

不去應對不可解決的死亡問題，心理才是健康的；
能從挫折恢復、遇到創傷的適應與應對能力，就是心理彈性。

度，**顯示關係的遠近**，依戀迴避反映了一個人不信任對方善良意願的程度，他不相信別人，試圖維繫行為的獨立性，並保持與他人的距離。而不迴避的人能夠保持對他人的相信和依賴，試圖與他人保持融合和合作，消除自己與他們的差異，具有求同的傾向。

第二種是依戀焦慮，是指在人際接觸中一個人主觀上感覺焦慮。當一個人需要對方，而擔心對方可能不會幫助自己、不會支持自己時，他就會感覺到焦慮。如果相信別人能夠幫助自己，他就不會焦慮。

米庫林舍（Mikulincer）等人認為，當人們在交往中遇到危險時，或者人們不能確定交往對象對自己的態度是否積極時，就會啟動依戀系統，人們會詢問他人是合作的、可信賴的，還是有危險的、有敵意的。一個人的交往預期會受這種依戀系統的指引，事先都會詢問能否從依戀對象那裡得到回應。肯定的回答會啟動安全依戀的功能，安全依戀的心理表徵會加強情緒的安全調節策略，這些策略會減輕緊張、加強支持的親密關係、增加主觀或實際的社會適應。

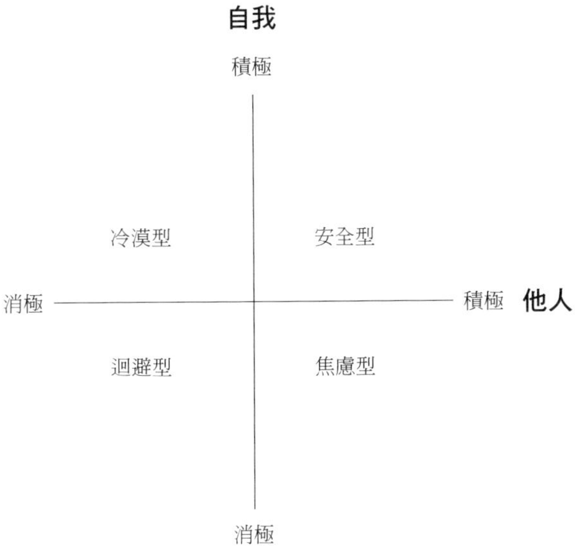

圖3-1　成人依戀風格的內部工作模型

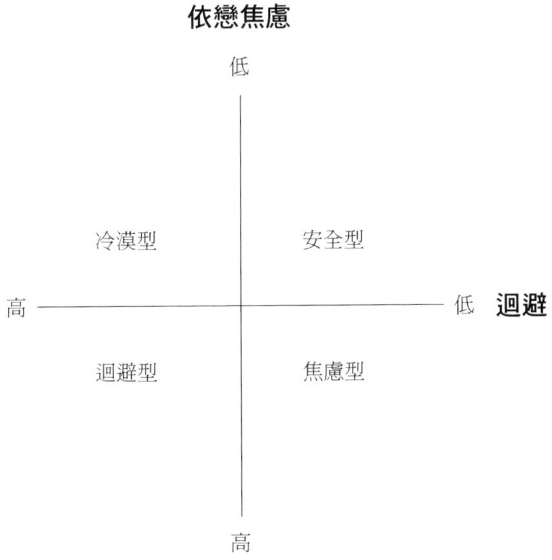

圖3-2　情緒與行為角度的依戀模型

而一個人察覺到依戀對象不可及或不敏感時，就會形成不安全的依戀，加重已經喚起的緊張，即形成依戀焦慮。這種依戀焦慮會導致依戀系統過於活躍，這種不安全的狀態使人們總是糾纏於依戀對象能否獲得，或者對方到底愛不愛自己。依戀他人的生物本性決定了人類非常重視依戀對象的可否獲得。依戀系統的過度活躍會增加對危險線索的警覺性，增加對依戀對象不可獲得的敏感度，使得本來很小的與危險有關的線索明顯化，讓人感受到依戀對象不可得到所引起的有關痛苦，並加重了不安全感。

迴避型依戀的特點在於依戀系統不活動。一個人若把尋求親密感視為無法緩解痛苦的手段，將會採用依戀迴避的策略，這意味著一個人選擇遠離啟動安全依戀的刺激和事件，試圖獨自面對現實的危險。這個策略包括拒絕感知與依戀有關的線索，壓抑與依戀有關的想法或情緒，這反過來又會加強自我獨立的態度，減少對他人的依賴，以保護自我不承認個人的弱點或失誤。這就是迴避型依戀。

任何一種不安全依戀都可能造成對自己的價值或他人善良意願的懷疑，造成特殊的情緒和人際關係的問題，也會形成自尊的困擾。

當依戀對象被評估為可獲得時，依戀安全的心理表徵會自行啟動。**這種表徵圍繞著親密關係原型形成兩種知識類型，一是陳述性知識，二是程序性知識**。陳述性知識是指自我指引或自我對話，以語言的形式表現；而程式性知識表現為行為的執行，是指引行為的調控過程。

陳述性知識以「假如……那麼……」的方式呈現，具體表現為：如果我遇到危險或變得焦慮，我可以得到他人的幫助，他人是可獲得的、是支持我的。接近這個人時，我會感到放鬆或舒適，然後我可以從事其他活動。這個模式一旦啟動，它就運用於調節個人消極情緒的過程。

安全依戀的心理表徵包括三個核心的陳述性信念，它們在個體維持情緒穩定性和個人自尊調節方面起著核心作用：

一、**認為生活難題是可以管理的**，比如在管理緊張情緒時，個體能夠保持樂觀與希望。這種信念是與敏感的、可獲得的依戀對象積極互動的結果。在此過程中，個體瞭解到緊張是可管理的、外界困難是可克服的、危險事件是部分可控的，因為有「我們在一起」的歸屬感。成人依戀研究證明了這種安全依戀

自尊100句：掌握心理健康的秘訣 · *31*

表達自己情緒與理解他人情緒的能力，是健康自尊的基礎；
接納自我的人不會經常批評自我、他人與世界。

與樂觀、希望等信念之間的聯繫，安全依戀者在應對緊張事件時比焦慮或迴避型的人更加樂觀和自信。

二、**關於他人的意願和特質的積極信念**。安全依戀的心理表徵是與可獲得的依戀形象相互作用的結果，個體從中學會了相信他人願意幫助自己的敏感度、及時反應性和善良意願。研究顯示，不同依戀風格的人對於人性具有不同的觀點。安全依戀者在面對難題時採用問題應對的策略，而不是自我對應的策略。在解決親密關係中的人際衝突時，他們會整合自己與對方的觀點，並傾向於通過公開的討論來解決衝突。

三、**對自己有價值、有能力和有掌控力的信念**。在與依戀對象交往的過程中，個體學會了把自己看作主動的、強大的和有能力的，因為他們有效動員了依戀對象的支援，啟動了依戀行為來克服困難。他們很容易把自己覺知為有價值的、可愛的和特殊的。研究顯示，安全依戀者表現了更高的自尊，把自己評價為有能力的、可愛的，更經常用肯定的詞語來評價自己，因此自我理想和實際的自我表徵之間的差距更小。

安全依戀的表徵還包括涉及情緒調節和有效應對緊張的程序性知識，這些構成了對抗壓力的積極方法。安全依戀型者在面對危險時，會使用積極有效的應對方式，即通過尋求說明來主動管理問題情境和保持情緒平衡，以積極正面的方式來解決問題。在與安全的對象相互依戀的過程中，個體認識到自己的行為可以減少緊張，不僅自己能解決問題，面臨危險時求助他人也可提升應對能力。有關成人的依戀研究證明了這一點，有研究者設計了受試者會暴露在緊張環境中的實驗，發現安全依戀者會比不安全者更加堅定地尋求戀愛對象、尋求親密與舒適的關係，以獲得支持。

總之，安全依戀有助於人們克服緊張，將心理資源投入到成長取向、擴大視野和能力的活動聚焦上，從而發展自我實現和擴大自主性。

自尊防禦性策略之一：誇大

安全依戀可以減少自負（自我抬高）與誇大的動機。生活中有一種人表面上高自尊，但實際上是低自尊，我們把這種人稱為虛假高自尊。這種人雖然不

自尊100句：掌握心理健康的秘訣 · *32*

從信任經自主到主動的經驗，降低了人們選擇的焦慮；
越自主，就越相信別人，就越有與人聯結能力。

輕易否定自我，但總是對他人表現出攻擊與不友善，對來自他人的批評尤其反應激烈。

歪曲自我的需要

所謂自我抬高的動機是指通過歪曲的自我評價來維持好的自我意象，這種動機使人們誇大自我能力的積極評價，容易化解和忘記有關自我的消極資訊，尋求有關自我的積極回饋，把積極的結果歸因為自我，而把消極的後果歸咎於外界，對成功和控制的期望存在積極的評價偏差。

這種有關自我意象的積極歪曲被認為是維護情緒穩定性和心理健康的適應性手段。但也有觀點認為，這些自負誇大的動機具有消極的一面，它會導致自我欺騙、自我中心甚至是暴力傾向。

有關成人依戀的研究證明，安全依戀者能夠維繫穩定的自我價值感，不追求防禦性的自我抬高策略。比如米庫林舍等人發現，安全依戀者在面對威脅時比中性情境下回憶了更多好的和不好的自我特性，而缺少安全依戀者則不是這樣，他們要麼回憶了更多不好的自我特性，要麼回憶了更多好的特性。這說明了，安全型的人有一個安全的自我表徵，運用於應對威脅的內部之錨。安全依戀者有這樣一個自我確認的加工過程，他們不會歪曲和誇大自我概念，而是通過保持主動來回憶更多的自我特性，包括好的和不好的，以期確認更加穩定的自我評價。

依戀理論可以解釋為什麼心理健康的人沒有自我歪曲或自我欺騙。安全依戀的表徵包括感覺到被愛和被接納，加工了內部特殊和有價值的品質感。這種感覺構成了本真的自我價值感。也就是說，**面對威脅時，安全依戀者找到了立足於自我價值感之上的舒適、重新確認和力量感**。即使是在有威脅的環境中，他們也有能力感覺良好，較少需要自尊的防禦性誇張，或者拒絕消極的自我回饋。

人們與依戀對象的互動，構成了最為重要的自我保護的形式，並且也是本真的、穩定的自我價值感的源泉。安全依戀被啟動後可以超越自我誇大的需要，使其虛張聲勢的自我誇張變得沒有必要。而依靠防禦性的自負來保護自我的做法則顯示，個體經驗中缺少安全依戀表徵的支持，從而陷入了維護自我價

自尊100句：掌握心理健康的秘訣 · *33*

在現實或想像中與他人比較，會產生羨慕、嫉妒、恨等痛苦情緒；對即將發生的人際互動，自尊反映了預期和看法。

值感的泥淖中，他們正是經受了是否擁有我可愛的內部品質的懷疑與質疑。

米庫林舍認為，在面對緊張情境時，安全依戀者具有的安全的自我表徵能夠影響自我價值的維繫和情緒的平衡。在與可獲得的依戀對象進行互動時，人們發展出了他人如何看待和評價自己的自我表徵，這是與安全提升依戀有關的認知表徵。在一個人面對危險時，這些自我表徵起了安慰、安撫的效果，防止他使用不必要的、防禦性的自負誇大策略。

啟動安全的自我表徵

米庫林舍設計了有關實驗。他讓受試者描述有助於自己獲得安全依戀對象的特質以及他們與這些對象之間關係的特點，然後將受試者置於威脅或中性的環境中，記錄自我描述的各種特質，最後評估目前的情緒和認知狀態。和之前預測的一樣，安全依戀者更多地回憶起了有關依戀的自我表徵以應對威脅環境，或是把與安全依戀對象有關係的自我特質當作現實的自我。這些對依戀對象及其關係的回憶與聯想並沒有出現在非安全依戀者身上。

安全的自我表徵具有安撫作用，這種自我表徵的出現頻率越高，在面對威脅時，人們的積極情緒就越多，與任務有關的焦慮就越少。這樣看來，安全依戀者可以動員自身的關照品質，這種品質是模仿依戀對象的，是一種被愛和有價值的表徵，這些表徵可以提供真實的舒適感，使人感覺到有價值，不用求助防禦性的自我誇張。

社會心理學家研究認為，自負誇大的動機會在不安全環境中表現出來，而且沒有考慮個體差異。如果考慮到安全依戀的個人，那麼這個結論並不正確。心理學家認為**人們需要通過啟動安全依戀來減少自我誇大的防禦動機，或者通過加強非安全依戀來誘導自我誇大的防禦**。

米庫林舍的研究發現，非安全依戀者在面對威脅時，會運用防禦性的自負誇大策略，而安全依戀者在面對自我威脅時則表現出了穩定的自我評價。在中性以及威脅環境中，安全的人沒有出現自我評價的差別，而防禦的人則表現出了自我評價的誇大。

米庫林舍設計的另外一個實驗誘導了一個抑制自負誇大動機的情境，如果

自尊100句：掌握心理健康的秘訣 · *34*

自尊高低，是先天與後天共同作用的結果；
自尊問題始於自我形象受到威脅時，平時是不起作用的。

受試者完成一項任務，指示語就表示，任務只是測試對事物的真正感覺，或者是在受試者完成任務時，獲得一個朋友的支持。他發現安全依戀者的自我評價與在一般挫折的環境中沒有表現出差別，而迴避型的人在上述特殊環境中減少了自我誇大。這說明迴避型的人在面對挫折時，試圖使用積極的自我評價來補償被拒絕感或不可愛感。

有研究發現，與安全依戀者不同，迴避型依戀者將積極的結果歸因為穩定的、普遍的和可控的原因，而將消極的結果歸咎為外部的、不穩定的、特殊的、不可控的原因。安全依戀者善於傾聽他人的回應，並根據這種回應來調整自己的行為。而不安全依戀者則討厭他人的回應，他們喜歡不了解自己的人，對他人的回應非常冷漠。

那麼啟動了安全依戀的表徵會減少自我誇大的動機嗎？有研究發現，啟動了安全依戀的表徵，比如想像接納和熱愛自己的他人，或其他類似表徵，能夠減少自負誇大的傾向，也減少了將自己的失敗歸咎為能力不足的自我摧殘的傾向。啟動了安全提升的依戀表徵，可以促進自尊的安全感，使人們不再脆弱，不再需要自負誇大的心理反應模式去刻意維護自尊了。

自尊防禦性策略之二：偏見

人們在日常交往中經常會產生認知偏差，以偏概全，不能如實地反映現實，導致以自我為中心，而安全的依戀可以減少這種認知偏差。

趨同與求異動機

長期以來，社會心理學家發現有兩種動機影響著人們對社會現實的認知，一種是趨同動機，另一種是求異動機。當與他人不一致時，人們要解釋有關自我和他人的認知，會感覺到自己社會行為的不當，並去矯正自己的感覺和信念。因此，人們會確認自己是否與他人一致，保證自己的信念和行為可與他人分享、自己的行為和知識能得到有關團體和機構的支持。這是趨同動機。另一方面，人們又希望自己與他人不同，希望表現突出，強調自己行為和想法的特殊性，確定自己的個性。這就是求異動機。

這兩種動機影響了社會知覺，可能形成兩種錯誤的認知，即錯誤的趨同和錯誤的求異。**趨同動機使人們高估自己的信念和行為與他人的相似性，而求異**

自尊100句：掌握心理健康的秘訣 · *35*

要面子不是問題，怕丟面子才是自尊的致命問題；臉皮厚薄，都是自尊心作祟。

動機使人們低估自己的行為、觀點和特質與他人的相似性。錯誤的趨同偏見提供了矯正自己行為和信念的安全感，創造了個人對群體錯誤的歸屬感。而錯誤的求異偏見則創造了獨特性，使個人在看待自己時比看待別人時更加具有積極性，它也可以服膺於自負誇大的目標。

安全依戀理論可以很好地解釋這兩種偏見。安全依戀者不會迫切地誇大自己與他人的聯結，不會錯誤地想像自己和他人的一致性，安全形象的可獲得使安全依戀者對持有錯誤信念和有不當行為沒那麼焦慮，有了依戀對象的支援，他們在可能犯錯誤或暴露自身弱點時，也不那麼害怕遭到批評和拒絕。

另一方面，就求異需要而言，安全依戀的表徵包括相信自己的獨特性。事實上，當捲入與他人的親密關係中時，安全型的人能夠確認自己的獨特性。

米庫林舍等人做了有關實驗，誘導了人際衝突的威脅情境，發現安全型的人對自我和他人的相似性和差異性具有更加準確的認知。而安全型的人的自我描述和對對象特質的回憶不易受威脅的影響。

米庫林舍發現，安全依戀者對他人的看法相對不會受投射機制的影響。這個投射機制會導致錯誤的趨同和求異。安全型的人要比不安全的人更少地把關於自己的想法投射給他人，也不排斥他人具有自己的想法。迴避型的人則喜歡把自己不想要的特質投射給他人，這會產生自我與他人的分化，通過比較提升自我價值。而焦慮型的人總是將自己的特質投射給他人，創造自己與他人的相似性、不可分離性和親密性。在面對威脅時，焦慮型的人會產生與交往對象描述相似的自我描述，會回憶起交往對象的特質。可以說，焦慮型的人將觀察到的自身特質複製給了他人。

社會心理學家還發現了另一個防禦偏見：**人們傾向於認為自己的社會團體比他人的要好，人們對自己參加的社會團體評價更高，**而對不同於自己的團體則傾向於貶低。

根據依戀理論，這種偏見傾向更容易發生在非安全依戀者身上。鮑爾比指出，依戀系統的啟動與內在對陌生人的恐懼有密切的關係，依戀形象的可獲得能夠緩解這種恐懼反應，增加對不熟悉和陌生人的包容性。安全依戀者傾向於維護較高的、穩定的自尊，不會用防禦性的詆毀他人的策略來維護自尊。

自尊100句：掌握心理健康的秘訣 · *36*

積極自我資源的差異，形成自尊高低的差別；
人們越追求高自尊，就越可能變得低自尊。

米庫林舍等人的研究還發現，人們提升了安全依戀後，也減少了對其他團體的敵意。實驗任務是讓受試者在一個認知任務上失敗，或者面對自己的團體遭到另一個團體的攻擊。之後，在電腦螢幕上出現愛、親和力等詞語來讓人獲得安全的表徵，或者想像安全依戀對象，將安全依戀對象視覺化。研究發現這加強了人們的安全依戀，消除了對其他團體的恐懼，比如同性戀者團體等。

對認知改變的傾向

社會心理學家研究發現，人類有一種保護自己現有知識結構的傾向，即使這個知識結構是錯誤的，甚至會導致錯誤的決定和行為。這種防禦傾向與維護自尊有關，其動機是人們往往否認自己懷有錯誤信念或自己是愚蠢的。**這種防禦被稱為認知凍結，是認知的刻板化，傾向於喜歡安全、穩定的知識，而拒絕模糊性或挑戰個人現有知識的資訊**。

非安全依戀者更加具有這種防禦性的傾向。安全依戀者通常具有開放性，當有證據顯示自己的知識是錯誤時，他們會更願意改變。由於具有應對緊張的能力，他們可以以體驗暫時的混亂狀態為代價而吸收新證據。他們認為，即使自己改變了某些意見、決定和行為，人們仍然是愛自己的，自己也是舒適的。而低安全依戀者有關自我的觀點是脆弱的，他們視吸收新觀點為威脅和自我混亂，由於缺少應對威脅的掌控感，他們會把不明確和混亂解釋為威脅，從而封閉自我。

米庫林舍的研究發現，安全依戀者在認知封閉、模糊容忍性和教條思維的測試方面，得分低於非安全依戀者。他後來用「首因效應」（Primacy Effect）*的實驗模式，發現焦慮和迴避型的人傾向於把新結識的人維護在第一印象上，不會輕易做出修改。

米庫林舍等人又做了一些有關「刻板效應」（Stereotypes Effect）的研究，考查人們對文章的評價是否受作者所屬種族團體的影響，發現焦慮和迴避型的人傾向於根據事先所假設的作者的種族團體來評價文章的品質，他們對作者的種族團體的偏見越是肯定，就越是會給文章較高的評價。而安全型的人相對不

* 首因效應是指人與人第一次交往時給人留下的印象，在對方的頭腦中形成並佔據著主導地位的效應，由美國心理學家洛欽斯（A. S. Lochins）首先提出。

自尊100句：掌握心理健康的秘訣 ·*37*

做事向上比以達目標，做人向下比以維自尊；
越向下比，就越不能提升自己，越不能維護面子，越不滿意自己。

受作者種族的影響，這說明安全依戀者具有獨立的判斷。

後來，他們又做了一項有關修改依戀對象看法的研究，與不安全依戀者相比，安全依戀者在接受有關愛的對象與自己先前期望的認知相衝突的資訊後，傾向於修改對於依戀對象的基本看法。

對死亡焦慮的態度

恐懼管理理論認為，人們會維護自己的看法、自尊和知識結構的穩定性，維護自己的價值觀，這也是應對死亡焦慮的手段。現在有研究顯示，實驗時誘導死亡提醒會增強人們對死亡想法的聯想，**更積極地維護自己文化的價值觀和世界觀、更反對異己的價值觀和世界觀，對其他團體懷有更多的敵意**，加重了社會團體的認同感和刻板思維，還有更加強烈的自尊追求。

雖然這種世界觀是對普遍存在的威脅的防禦性反應，但實驗室研究證明，非安全依戀者的防禦反應更加強烈。

米庫林舍等人在實驗中，讓受試者評價和懲罰與自己價值觀不同的人，在進行了死亡提醒後，只有非安全依戀者身上表現出了對違背自己價值觀的人給予更加嚴厲的評價和懲罰的傾向。後來的研究也發現，在死亡提醒後，也只有不安全依戀者願意為了維護自己的價值觀而獻出生命。

米庫林舍等人後來的研究集中於安全依戀者對死亡提醒作何反應。他們認為，安全型的人將道德明顯看作非永恆的、建構的，而不去應對不可解決的死亡問題，這會讓安全依戀者投身於撫養孩子、從事創造性和成長傾向的活動，因為他們認為孩子長大、活動有成效，都是他們死後的慰藉。安全型的人還會用加強依戀需要的方法來反映道德的明顯性，他們越是具有加強親密關係的欲望，就越願意投入社會交往。面對死亡提醒，安全依戀者會強化對關心他人的需要。實驗者誘導了受試者對生活伴侶的死亡提醒，結果發現安全依戀者傾向於為了對方而做出犧牲，而非安全依戀者則不願意為了伴侶損害自己的利益甚至犧牲生命。

以上實驗說明，面對生命的結束，安全依戀者會努力維繫安全的心理基礎，面對死亡威脅時仍能堅守安全依戀的模本，加強與他人的聯結和「我們在

自尊100句：掌握心理健康的秘訣 · *38*

自尊與幸福一樣，把人比下去、直接提升滿意度都無法獲得；
自尊是不經意得到的，幸福的人感覺不到比較的存在。

一起」的感覺，將死亡視為對他人奉獻的機會和個人成長的機會。作為可愛的、被接受的和有價值的世界的一部分，個人應當與他人和世界形成強烈的情感聯結和關切態度。

這些也說明安全依戀可以消除不健康的自尊防禦，消除人們的過分自尊、過分自戀，或是通過貶低其他團體而維護自尊的防禦機制。

安全依戀與人格發展

安全的依戀能夠促進個人的成長，並能充分促進人格的發展。

第一，安全的依戀有助於人們發展出自主性，實現個人才能，它具有擴展和建設功能，使人生走向豐富。鮑爾比指出，安全依戀的不可獲得性，即非安全的依戀，抑制了其他行為系統的啟動，因為缺乏安全保護和支援的人會聚焦於依戀的需要，容易感覺緊張，從事非依戀有關活動的心裡資源較少。只有安全的依戀恢復了，他們才有可能將注意力和資源用於從事其他活動。安全依戀者有能力從事冒險和自主促進的活動，安全的依戀也是羅傑斯（C. R. Rogers）所說的「機能充分發揮的人」的基礎。

自主性與權利體驗

自主性是主動性的基礎。如果孩子信任這個世界並具有自主性，他就會具有主動性，會無憂無慮地玩遊戲，忘記了時間的流逝。他會全身心地投入到遊戲中，熱衷於想像和創造，他與環境是協調一致的。這時，遠處的父母會以關愛的眼光注視著孩子的舉動，從不嘗試著去評價他，這樣孩子就會從內心深處湧出主動性，熱愛周圍和這個世界的人。他不把挫折當作威脅，也不把他人當作威脅，而是執著於自己的目標，自發與主動地嘗試著一切新事物，不受任何否定和懷疑自我的消極力量所影響。他的存在本身就是為了突破限制，他是為解決新問題而誕生的，他把一切限制和困難當作有趣的挑戰，而不是與自卑聯繫起來。於是，**能解決困難就堅持，不能解決就放棄，一切都是自然發生的，焦慮情緒不易發生。**

安全依戀在兩個方面對人格的發展有著積極深遠的影響。首先就是對需求

自尊100句：掌握心理健康的秘訣 · *39*

自我分析會上癮，形成自虐式滿足感；
過度關注自我和反省自我，恰是心理不健康的標誌。

滿足的確定和肯定。既然世界是安全的、可預言和可控制的，他人是可愛的、是值得關心的，我自身也是有價值的、是自己唯一的主人，那麼我的個體需要和欲望就不是可恥的，而是可喜可賀的。青春期對異性的性欲望有什麼可恥的呢？我想當班長、想為集體做點兒事情有什麼不好意思的？我想出去賺錢、減輕父母的經濟負擔有什麼不好？我想成名、當科學家、發現真理有什麼可自責的呢？我想做什麼，這是我的權利。權利這個概念在低自尊者那裡從沒有形成過真正的體驗和情緒感受，而只是抽象的術語。他們的根本缺陷是在情緒和感受的水準上（不是在口號上），不能做自己的主人，因為受挫折的環境使其自主性和基本權利被異化了，這種自主性或權利異化和疏遠的過程將是我們理解低自尊人格的主線。

自主性受損不僅會妨礙權利體驗，也會妨礙責任體驗。因為從根本上說，權利與責任是一個過程的兩個方面，真正從情感上體驗到權利的人同時也會體驗到責任。在真實的世界中，兩者是一回事，沒有無後果的選擇，也沒有無責任的權利，反之也成立。所以，一個人如果是從內心的感受和情感而「主動」追求權利的，一定要準備好承擔更多的責任和義務，他不能只想著權利帶來的榮譽和優越，而是要同時體驗責任與義務。

用現實療法的創始人格拉澤（W. Glasser）的話說，權利和責任的結合是以不妨礙別人滿足他們需要的方式來滿足自己需要的能力。這個定義包含兩個環節，第一個環節是重申個人需要滿足的權利，這是天經地義的、不可懷疑的、人人平等的，是做人的基本要義，也是人性的第一要義。這個規定意味著，一個人不能損己利人、不能為討好他人或其他任何原因而委屈自己，你有說「不」的權利。但這個如此簡單、如此基本的人性要義，在一個被嚇壞了的低自尊者身上卻消失殆盡了。我們不能不說，低自尊是在最基本的人性意義上心理健康受到損害，所以低自尊簡直可以稱為人性的缺陷，是人性奴性化。第二個環節是責任和義務。其實格拉澤的話非常深刻，責任和義務並沒有那麼神聖，人不一定要損己利人，不一定要高尚和獻身，不一定要聖潔和為他人付出，不一定要不圖回報。責任的正面規定過於複雜，一萬個人有一萬種定義和理解，但大家的底線都十分明確，即**不能妨礙他人需要的滿足，不能損人利己，這也是道德的底線**。這一環節也保證了上一環節的落實，保證了個體需要滿足的活力和動力，保證了個體需要的滿足是積極向上的、是令人歡欣鼓舞的，此時的我可以盡情地滿足自己的需要，因為並沒有傷害任何人，此時的我是完全正確、健康無比和活力無窮的。

自尊100句：掌握心理健康的秘訣 · *40*

愈說「我很棒、我很有價值」，愈可能聯想到「我不夠棒、我沒價值」；況且，這顯然無助我們實現目標夢想。

自我肯定與矛盾遲疑

我發自內心地肯定我自己、欣賞我自己，卻不自戀，因為我兼顧了別人的利益。我的快樂不會構成對別人的傷害，反而是對別人幸福的兼顧，我幸福，別人也幸福，別人越幸福，我越快樂。有什麼比這種自我肯定來得真實和充分呢？我的自我肯定是自我矛盾的天敵，因為我沒有做虧心事，沒有損害別人的利益，所以我有自我肯定，壓根兒就不知道矛盾是什麼。

對於一個安全依戀者來說，這種自我肯定是一種經驗和體驗，是與生俱來的天性，而不是說教和理論。它是安全環境中自然形成的人格或人性，流暢自然、自發真誠，不需要刻意學習和用心尋找。低自尊者從本性上來說不能自我肯定，他們只學會了適應生活的唯一方式，即不安全或遲疑。在感覺和經驗的層面，他們被嚇壞了，害怕面對自己需要滿足的後果，因為在他們心中，存在著對需要滿足的矛盾。他們雖然經常為「成為你自己」這個口號感動，但卻沒有到達感覺的水準；一定要在生活中感悟這個原則才行，空洞的口號解決不了任何問題。

第二，安全的依戀有助於心靈開放。安全依戀者心靈開放，能夠傾聽自己的感受，如實反映自己的感覺和思想，懷有有關自我資訊的豐富性，能夠接受自身積極和消極的情緒和想法。研究顯示，安全依戀的兒童具有更加開放和靈活的經驗，能夠組織和表達自己的情緒，並能理解情緒的功能和益處。他們情緒的訊號可以激發父母適當的行為反應，直接和開放地交流緊張情緒能夠得到父母有效的幫助。結果，安全依戀者知道探索和學習表達情緒是舒適的、安全的，認為情緒表達有助於成長，與依戀對象的肯定交往也可促進情緒理解能力的加強。

從信任到勇氣

人生活的每一天都是嶄新的，都是沒有嘗試過的，都需要極大的勇氣來選擇和創造。「信任—自主—主動」這些積極的品質能夠降低個體對自由選擇的恐懼和焦慮，使這些基本焦慮保持在非痛苦的範圍內，使人有勇氣面對新的一天。實際上，在潛意識的層面，新的事物總是危險的，新的體驗和感受難免具有威脅，過年回家這樣令人高興的事情，仔細分析一下也是有危險的，比如帶什麼禮物、送多大的紅包、如何說話才算得體。即使是與熟人約會，也會面對

自尊100句：掌握心理健康的秘訣・41

高自尊錦上添花或苦中作樂，低自尊身在福中不知福或自取其辱；後者多點自戀，前者多檢討自己，心理才健康。

說什麼、不該說什麼的新選擇，因為每個人都在變化，每一天都發生著變化，可以說，生活中每時每刻都在變化。從這個意義上說，只要有新的一天，只要人是自由的，就會有焦慮。可以自由選擇的人一定免不了選擇焦慮，而**對病態焦慮的免疫力往往來自人類早期的信任與自主的情感經歷。**

人格對世界的影響是全方位和整體的。從你對世界的關係看，如果你發展了安全性的人格，你對世界就具有基本的信任感，對困難和挫折的反應就不會過度或不穩定，比如挫折放大十倍，你的痛苦和焦慮只放大一倍。你內心穩定的安全感會給你一枚「定海神針」，讓你坐懷而不亂，臨危而不懼。世界是好的，也是積極的。

第三，安全依戀者具有心靈交流體驗，能夠活在當下，享受當下經驗，具有沉浸體驗，包括認知的自發性、靈活性和主動性。也就是說，他們能夠接受變化、有能力組織經驗而不是控制它。他們具有更多的積極情緒，能夠細品當下經驗。米庫林舍等人發現，誘導積極情緒後產生的認知擴展效應，只發生在安全依戀性高的受試者身上。當誘導出積極情緒時，他們的思維更加靈活，在創造性任務上的表現更好；迴避型的人不受積極情緒誘導的影響；而焦慮型的人面對積極情緒的誘導則損害了創造性，認知變得狹窄化。安全型的人對情緒持有開放的態度，把積極情緒視為與積極的認知過程有關的因素，因此認知策略更加廣闊，可以產生非同尋常的聯想。相比之下，迴避型的人傾向於迴避安全的情感訊號，焦慮的人則會把這些訊號視為麻煩而不是安全。

第四，安全依戀與心理彈性有關。心理彈性是指一個人從挫折中恢複的能力，遇到創傷或受挫事件後，一個人如何應對、如何適應，也與安全的依戀有關。米庫林舍等人發現，與迴避型的人相比，安全型的人更加願意和有能力接觸自己的痛苦，回憶時允許消極情緒出現。安全依戀者更願意向重要的他人表達自己的想法，能夠更加開放地表達自己的情緒。

第五，安全依戀者的另一個特點是自體信任。他們有能力信任自己的感覺、思想和感受，根據自己感受的對錯而不是依靠不可控的外部力量來做決策，即擁有產生經驗的自由。經驗自由是指人們感覺到有選擇的自由但又感覺到承擔選擇的責任。他們具有強烈的真實感、個人的責任感和自我決定感，能夠根據自己內心的堅持來發現個人的意義、整合和價值。

自尊100句：掌握心理健康的秘訣 · *42*

以事物為中心，拒絕評價自我，少反省評估自己的表現，多把注意力轉向外界，心理最健康。

米庫林舍等人發現，高安全依戀者更加具有個人意義和整合性，而啟動了安全依戀特徵後，即讓受試者觀看或聆聽有關愛的圖片或詞語，低安全依戀者也能提升個人意義和整合性。

安全的依戀能夠產生較高的自尊和自信，使人經常出於自發性和自主性而採取行動，較少地體驗到矛盾和衝突。一個人如果發自內心地接納和喜歡自己的情感，就不會壓抑需求的滿足，知道需求何時會滿足、何時不必滿足，所以無論需求能否滿足，他都能體驗到快樂和從容，他對自己的接納是出於內心深處的情感和日常行為的正確選擇，不是做作的自我調節和改變自我的結果。他用不著學習如何接納自我，因為他從來就少有愧疚和恥辱感，更是因為他一直在正確的原則指導下，很少做錯事。

基本適應的生活本能

如果一個人在安全和充滿愛的環境中成長，他就會形成對生活的直覺和判斷，具有直覺或感覺的智慧，他就會憑感覺生活，而且能夠活在當下。他像在水中遊弋的魚，能夠憑藉生存的本能，遊刃有餘地處理日常生活中的事件和衝突。這種感覺像天性一樣跟隨著人們，形成對他人、對瑣碎之事的決策與判斷。這種經驗能力不分貧富貴賤，是人的基本適應能力。相比之下，在焦慮和抑制的打擊下，神經症人格者會失去這種生活本能。

這種生活的感受能力與成功無關，也與社會地位和角色無關，一個家庭主婦購物時可能比一個科學家還要智慧，一位文盲處理人際關係問題時可能比一位領袖更加靈活，一個孩子有時會比父親更有能力解決日常生活中的問題。

正如英國電影《黛妃與女皇》中講述的那樣，英國首相布萊爾剛上任就遇到戴安娜王妃因車禍去世這一重大事件，因為戴安娜與英國王室有矛盾，女王以及王室成員對於戴安娜之死表現冷漠，甚至全家外出度假，而不顧民眾聲勢浩大的悼念行動。這種行為傷害了民眾，使本來就對王室制度不滿的民眾更加憤怒。布萊爾一方面安撫民眾，從王室情感和感受的角度向民眾和媒體解釋王室的難處，同時勸說女王改變立場，從民眾的立場和現實情況出發，而不是從意氣和個人恩怨出發，主張王室以降半旗和發表演說的形式提高葬禮的規格，平息民眾的不滿情緒。布萊爾一方面代表著現代的力量，期望改革傳統、推進英國的現代化制度建設，另一方面瞭解、熱愛並尊重傳統，能出於感覺和本

自尊100句：掌握心理健康的秘訣・*43*

有能力是絕對的、長遠的；丟面子是相對的、一時的；
面子是掙來的，不是通過自我保護得來的。

能、直覺，化解王室與民眾的矛盾。這首先歸因於他自身化解了自我內在傳統與現代的矛盾情緒，他的靈活和睿智是不可模仿的，因為這種智慧存在於他的經驗感受和體驗中，神經症人格的人輕易學不會。是布萊爾的人格而不是智力挽救了王室與民眾、傳統與現代的分裂，化衝突為建設性，化分歧為和諧，化仇恨為愛，重新整合了民眾精神。

許又新教授在臨床經驗中發現了神經症人格真實體驗的喪失，這是指「由於長期或經常性的情緒壓抑，致使內心體驗不能反映自我需要的真實情況」。神經症人格者與心理健康者的重要區別之一，就是生活中本真感覺的遲鈍，代之以麻木的自我異化和強迫的主觀想像。

第六，安全依戀者更具有內部調節的目標和計畫，掌握的動機更加明顯。有研究發現，安全依戀者在學時，更願意結合自身的興趣來學習，傾向於把學習當作機會。米庫林舍等人發現，啟動安全依戀後，學生多了掌握這一目標，即把學習當作發揮能力的過程。

第七，安全依戀者更願意幫助人。安全依戀者對依戀對象的感受更為敏感，發生不快時，更能支持對方。米庫林舍等人發現，安全依戀者更有同情心，能對他人的需要產生情感反應。啟動了安全依戀，增加了利他的同情心；啟動了高安全依戀的獲得，則增大了人們關心人類福祉的強度。而近期的研究發現，高安全依戀者與自主性、利他性和關心他人的美德（如感恩與寬容）都呈高度正相關。

從你與他人的關係看，如果你發展了自主性和主動性，你就會用愛和歸屬的方式與他人交往，你首先會覺得他人是善良的、是可信賴的，你與他人交往時就不會設置太多懷疑和防禦，你是真誠的、直率的、不功利的，因為你覺得他人是可愛的。另外，固守原則對於你也沒什麼可焦慮的了，你信任對方，也不怕得罪他，能坦率地拒絕他，會大方地說「不」，也可以坦率地說「好」。你不是出於恐懼和焦慮或個人的私利，因而過於自謙或過於高傲，你與他人一開始就是平等的。當你有求於對方時，你也不會感到自卑，因為你相信，對方求你時你也一樣會熱心幫助。救助與接受幫助就成了自然而合理的現象，不會涉及自尊與等級的關係。

自尊100句：掌握心理健康的秘訣 · *44*

大部分人偏向誇大自己能力，反而活得更好；
自誇是面對威脅時維護自尊的防禦性心理適應手段與模式。

低自尊是進化適應本能？

為什麼同樣一件好事，比如發薪水，對於健康自尊者來說是天大的幸福，卻是低自尊者抱怨的開始呢？為什麼同樣一件好事，比如考上大學，健康自尊者會欣喜若狂，甚至有裸奔的心情，而低自尊者卻覺得只是一般的喜悅，因為擔心考上理想大學後還有許多遺憾和未知。為什麼同樣是受到老闆批評，健康自尊者只是暫時不快樂，而低自尊者則會絕望與自責呢？總之，**是什麼因素導致低自尊者缺乏積極的心態和行為呢？**

答案是：除了早期親子依戀之外，人類天生的氣質也很重要。

人怕出名豬怕肥。
——民間諺語

進化論是解釋這個問題最為簡單而直觀的理論。我們的人性也是進化的產物，我們的基因進化了上百萬年，其中包括我們祖先適應環境的模式。從進化論的角度看，我們祖輩的社會地位就有巨大差別，並以不同的模式適應著環境。**低自尊可能是社會地位的調節器，做人低調、不張揚自己、夾起尾巴做人可能正是適應環境的方式**。低自尊者之所以在同類面前抬不起頭來，可能正是進化為他們選擇了以退為進、以守為攻的策略。

周圍有些同類總是比你強大，挑戰他們無利可圖，基因告訴我們的大腦哪些人是值得挑戰、哪些是不值得挑戰的，這是通過直覺來實現的。正如賴特（R. Wright）在《道德動物》一書中指出的那樣：「處在最底層的動物——被其他所有同類拳打腳踢的動物——會長期地感覺到後者（其他同類）的強大。你可以稱之為低自尊。事實上，當和解對人們的基因有利時，可以說低自尊是一種使人們服從於地位的調解方式。」低自尊者表現謙卑與接受低地位的做法正好符合遺傳的利益，這樣同類就不會視他們為威脅，他們也不會那樣引人注意，甚至引來橫禍。

此外，**低自尊者在失敗後的自責和恥辱也具有適應意義**，一個人犯錯後罵自己是有適應意義的，失敗後經常回憶教訓，有助於防止以後再犯同樣的錯誤。失敗後變得冷漠、憂鬱有利於儲存精力，若這時你還能行動如常，那麼當機會來臨時你卻有可能精力不足。在臨床經驗中也發現，憂鬱症患者病好後的

自尊100句：掌握心理健康的秘訣・*45*

其實憂鬱的人比較沒有樂觀偏差，比較如實了解自我，
對自己及世界的判斷與認識，可能更客觀、更深刻。

一段時間內精力反而更加充沛了。此外，**失敗後的放棄與絕望有利於改變方向，重新進行選擇**。一般而言，屢敗屢戰的動物，明知不可為而偏要為之，造成的損害是非常大的。比如有一個電擊狗的實驗，無論狗多麼努力掙脫就是逃脫不了電擊，狗的反應可以分為兩種類型：一是學到無助型，逃脫不了就接受命運，不再抗爭；另一類是憤怒型，它們自始至終抗爭，永不放棄逃脫。實驗結果發現，第二類狗最後因為受激反應患上心臟病或胃潰瘍而死，前一類屈服示弱的狗則可以活得更長久。

> 槍打出頭鳥。
>
> ——民間諺語

人類學家哈通甚至描述了通過自我欺騙而降低自尊的可能性，他稱之為下行性欺騙。比如一些有才華的女性為了保持男主人的尊嚴而故意表現出服從或低能力，通過這種低能力的表達使丈夫建立自信。

5—羥色胺又稱血清素，是一種神經傳導物質，可以增加記憶力，合成多巴胺，令人感覺快樂。在長尾黑顎猴的社會中，首領雄猴比下屬擁有更多的

5—羥色胺。還有研究發現，大學的學生會中，領導者比普通會員擁有更多的5—羥色胺。心理學研究也顯示，社會地位越高的人越幸福，廳局級公務員比處級幸福，處級比科級幸福，而且在樂觀、自我效能感等指標上得分更高。這並不能直接用先天的基因決定來解釋，很可能是因為後天社會地位的上升影響了5—羥色胺的水準。任何人隨著成功或社會地位的上升，都會伴有5—羥色胺水準的提升，這是一種自我比較的狀況。**那麼，我們能不能假設，人的自尊水準**（5—羥色胺水準）**在先天的和早期環境的共同作用下，呈現出較為穩定的特點呢？**也就是說，處於同樣社會地位的人，每個人感受到的自尊水準是不同的，有的人當了再大的官仍然偏好低調，表現得謙和，甚至完全沒架子；而另一些人可能正相反，經常表現出自我感覺良好，甚至是與其地位不相符合的感覺良好，這種穩定的特質正是之後章節要探討的主題。

積極心理學的基礎

近年來，在積極心理學領域，人們開始研究人的本真性、自我實現、美德與同情心、樂觀的自尊和自我發展等，但這種積極心理學缺乏整合的理論基

自尊100句：掌握心理健康的秘訣 · 46

趨同與求異動機，會帶來自我認知偏差；
直覺相信好事多於壞事的樂觀偏差，是一種人類自我保護機制。

礎，很多研究者探討重要的現象，比如本真的自尊、樂觀、同情、感恩和寬容，但是沒有一個有關人類心理的可解釋的普遍真理，以及親密關係的根源。我們可能陷入瞎子摸象的片面之見，囿於某一孤立的理論發現。鮑爾比的依戀理論是一個被證明具有豐富見解和假設的理論資源。我們可以通過總結安全與不安全依戀者的差別，來解釋人類的社會心理現象，比如害怕、自私、偏見和防禦的過程。在這些領域，非安全依戀者要比安全依戀者表現得差。

安全依戀理論可以統合病態與積極的人性，可以用依戀的負面表徵來啟動恐懼、偏見，自戀，也可以通過啟動這種積極的表徵來實現人類的美德和引起成長動機。

第四章 · 何時需要自尊？怎樣克服心理痛苦？

幾乎所有的人都需要感覺良好、都想把自己看作有價值的，通常當人們認為自己是有價值或愛自己的時候，就是幸福的、具有愉快的情緒和良好的心情。人們都具有自尊的需要；低自尊者也不例外，甚至比高自尊者還需要自我肯定、自我確信和自我熱愛，但致命的問題在於他們不能像高自尊者那樣有效地滿足自己的這種基本需要。他們並不缺少自我肯定和自我熱愛的需求，只是因為各種原因和條件使這種需求陷入與其他需求的衝突中，因而處於未滿足的境地。那麼，低自尊者的內心世界究竟發生了什麼樣的混亂與錯誤，又是什麼導致他們不能滿足自我肯定這種人類的基本需要呢？

願賭服輸。

——民間諺語

應對人際關係的挫折

低自尊者的一個顯著特點就是特別要面子，即「死要面子活受罪」。

要面子與臉皮薄

什麼是要面子呢？如果我們把要面子理解為努力爭得面子，讓自己在別人眼中留下好印象，通過成績讓別人喜歡自己，那麼要面子是一個積極的概念。老張是位退休公務員，今年過八十大壽，他想到生命有限，要活得風光瀟灑，於是要兒女張羅一百桌宴席，把所有的親朋好友都請來一聚，而且說好不收禮，他就是要擺這個場面，要這個面子，風光一把、開心一把、張揚一把，你能說他不要面子嗎？他不僅要面子，而且努力實現了自己的這種需要，所以他並不存在低自尊的問題，而是一個開心的分享者、一個敢恨敢愛的人。

在這裡，要面子是人之常情，表示要提升與突出自我的價值和存在感，只要不傷害他人的利益、不與他人的需要產生衝突，或者有利於人際關係，就是積極的。**要面子並不是低自尊者與高自尊者的分水嶺，能否有效滿足這種自尊的需要才是真正的分界。**

低自尊者的致命問題在於，他們的行為、思維和情緒的核心圍繞著如何才能不丟面子，絕對不能讓人瞧不起自己，而不太關心如何讓別人瞧得起自己，

自尊100句：掌握心理健康的秘訣 · *47*

還是不強調結果比較好，尤其不要從自我中心立場強調結果；為了得高分而學習的人，就更有可能作弊。

不關心如何通過努力爭得面子、通過行動實現面子，而是對他人是否瞧得起自己過分敏感。他們像保守的投資者，買了股票以後就沒有開心過，因為他們炒股票竟然不是為了賺錢，而是為了不賠錢。

筆者發現生活中有一種人特別討厭打撲克牌或打麻將，並不是撲克牌或麻將不好玩，而是玩牌人的心態不好，特別怕輸。他們坐在牌桌前就會感覺緊張，好像上了戰場，一定要拼個你死我活，抓牌時心跳加快，好像決定人生命運的時刻已經來臨。抓到好牌時掩飾不住內心的快樂，而一旦牌運不佳就愁眉苦臉，玩到關鍵時刻出牌極為謹慎，並不是出於精心計算，而是因為優柔寡斷。他們往往打出一張重要的牌之後不敢肯定自己，直到確認對方的弱勢後才敢鬆一口氣，這樣一來，打牌的過程變成焦慮的苦難旅程，玩牌的過程不再是享受，而是受罪。他們不能從打牌中享受和受益，而是學會了逃避打牌。

> 死要面子活受罪。
>
> ——民間諺語

而另外一種人似乎是天生的樂觀主義者，他們似乎臉皮特別厚，輕盈地生活著，一有空就愛打牌，似乎對打牌成癮，他們不怕輸，專心投入於打牌的娛樂中，充分享受打牌的快樂。以前我以為是人的興趣與喜好不同、人的氣質不同造成了差異，但瞭解了自尊心理學後才恍然大悟，原來厚臉皮的背後是出於自尊心理。

用心理學的術語來講，臉皮薄的人經常會感覺自我形象受到了威脅。每個人都關心自己是以什麼樣的形象出現，想知道自己在他人眼中是什麼樣子，是優秀還是平庸、是好人還是壞人。在有些場合，不存在自我形象受損的問題，比如一個人獨處的時候，或者讀書、練習打球時；但有些場合則涉及人際比較，關係到自我形象是否受損的問題，比如參加比賽或演講。生活中不免有演講或人際比較之類的活動，無論是求學還是工作，**只要有人的地方，就會有人際比較，也就有自我形象受威脅或受損害的可能**。對於低自尊者來說，這些場合總是驚心動魄的心靈考驗，他們不能像高自尊者那樣應對自如。

積極的自我資源

為什麼有些人臉皮較厚，對於可能的失敗具有較強的承受力，而另外一些

自尊100句：掌握心理健康的秘訣 · *48*

樂觀的人認為自己擁有的就會增值，悲觀的人認為都會貶值；
配偶在低自尊眼中會貶值，在高自尊眼中會增值。

人剛好相反呢？自尊理論對此的解釋是：高自尊者具有積極的自我資源，他們在先天特質和後天成長中形成了較為正面肯定的自我看法，自我概念較為積極，於是形成了較強的自我整合感（self-integrity）。比如兄弟倆，一個從小就努力賺錢，年紀輕輕就資金充裕，充滿自信，所以投資時毫不猶豫，股市有了波動，也能鎮定自若，對於風險與威脅具有較強的承受能力。他把主要精力放在賺錢上，精力充沛、思維靈活。而另一個是窮學生，囊中羞澀，缺少資金，買股票如履薄冰，生怕賠錢，股市一有風吹草動就惶恐不安。他的注意力都集中於如何不賠錢上，只關注如何保住可憐的資金，難免動作僵化、思維受限。

每個人的積極自我資源是有差異的，可能生來就不一樣，也可能是後天的積極滋養不同，從而造成了維護自我形象的力量的不同。積極自我資源就像一個儲存有關自我的正能量的倉庫，形成個體的自我整合和自我肯定。鄧小平是一個高自尊者，「文革」後他第一次露面是在周恩來總理宴請西哈努克親王的人民大會堂宴會廳，當周恩來向大家介紹神秘嘉賓鄧小平時，大家都驚呆了。因為之前鄧小平是全國最大的走資派、修正主義者，當時在場所有的人都愣愣地看著小平。但鄧小平神情自若，目光堅定地與大家對視，他這種強烈的自主與自信，就來自內心深處積極自我的資源，他比任何人都知道自己是一個什麼樣的人，對於自己的所作所為充滿自信，不需要別人的注解。

這種**積極的自我資源有利於形成穩定的自我肯定和整體的自我整合感，能夠幫助人們應對外界的威脅。**當生活風平浪靜時，人的自我狀態和自尊水準的差別並不太大，比如今天早晨陽光明媚、春光蕩漾，休息好了的人們上班時可能會感覺良好，還會欣賞路邊的美景。然而，一旦出現了威脅自我形象的事件，人們的心情馬上就變得不一樣了。比如，一個人到公司聽說別人加薪了，而自己卻沒份，低自尊馬上就開始起作用了。所以，自尊始於自我形象受到威脅之時，平時不起作用。

面臨威脅與失敗時

威脅自我形象的可能是失敗的結果，也可能來自別人的負面評價，或者不順利的生活事件。總之，人生不如意事十之八九，幾乎每天都會發生，因此具有積極的自我資源和自我整合非常重要。它可以保護自我形象，重新解釋人們面臨的負面的生活事件或經驗，整體的自我感覺良好和自我肯定，可以幫助人們在面對特殊的生活打擊或挫折時不受損害。比如，一個高自尊者考試失敗

自尊100句：掌握心理健康的秘訣．49

一味克服自卑感是不行的，憧憬投入與實現夢想更重要；
得到好評的感受類似，被批評的感受則大不同。

了，但他並不會因此否定整個自我。他仍然覺得自己是有價值的，還很容易想到自己打籃球表現不錯，有許多相處得很好的球友，或者自己歌唱得不錯。

而一個人如果積極資源較少，本來就缺少明確的自我肯定和自我概念，對於自己的能力感到懷疑，一旦遇到可能損害自我形象的事情，就會出現情緒困擾。比如，一個低自尊的大學生指望期末考試獲得高分，在他得知考試失敗後就會情緒失控，或者自責自虐，或者悲觀絕望，認為自己整個人都是可恥的，或者質疑考試的公平與合理性。而高自尊者不會曲解考試失敗的意義，不會對此產生過度消極反應，而是相信這只是一次失手，面對考試失敗，自己唯一能做的就是今後更加努力用功地學習。

對於低自尊者而言，保持和維繫這種自我整合感異常困難，這些人在自我觀念中的積極資源和獨特的積極看法太少，因此能夠用來維護自我整合感的特殊的自我肯定也太少。面臨威脅或失敗時，他們**不能通過提取或回想自己的積極方面來恢復自我的肯定感，而是借助否認、歪曲、壓抑等手段來應對威脅，**因此整體的自我會被打垮，讓人產生憂鬱的絕望反應。比如，Ａ和Ｂ兩個大學生同時選擇了Ｃ作為室友，而Ｃ卻選擇了Ａ，認為Ｂ令人討厭，這時被拒絕者的反應可以是不一樣的：健康自尊者就會利用自我肯定的資源來應對威脅，他會對自己說：「我是一個好學生，他不喜歡我沒有關係，我還有許多其他朋友。再說過兩年我就要畢業了，一切都會過去的。」而低自尊者缺少這種積極的自我評價和自我肯定的資源，不能有效地通過自我肯定來應對室友的威脅，他可能會對自己說：「我真倒楣，看錯人了，無論我多努力他都不會喜歡我，要是天天面對這個人真是心煩透了。」

通過回到自我肯定，我們能夠應對人際關係的挫折。「我時常被人打倒，但絕不會被打敗」，劉曉慶這句名言也許反映了高自尊者的內心感受和樂觀自強。

自我反省的正反作用

當挫折或失敗發生時，尤其是當重大的打擊來臨時，無論一個人是低自尊者還是高自尊者，都會被威脅的事件所困擾，他幾乎所有的資源或注意力都會被吸引，他會運用各種外部資源或內部的性格資源來應對威脅。**當一個人的注**

自尊100句：掌握心理健康的秘訣 · *50*

低自尊不是看不起自己，而是無法在失敗狀況下接受自己；除非別人告知，低自尊通常不敢主動查看自己成績。

意力聚焦於威脅事件時，無論是低自尊者還是健康自尊者都會本能地通過曲解或減少威脅來肯定自我，比如「這不是真的，為什麼是我，不去想它了」。威脅事件本身會吸引人們的注意力，使人不去反省自我，在最初的受挫階段，所有人都會出現不理性的反應，都會被打擊所困擾，造成情緒混亂。比如剛發現自己的手機丟了，很多人的第一反應都是慌亂，馬上去尋找。即使是魯濱遜這樣堅強的人，也會在淪落於荒島之初，產生絕望與錯亂，不斷自我懷疑，甚至想要結束自己的生命。

隨著時間的流逝或者由於環境的改變，人們不再一味關注威脅事件本身，而是回到了自我的資源，回到了內心世界或者去反省事件對自己的意義，直到這時自我肯定或自我整合作為一種資源才會起到積極的作用，性格的差異才有機會顯示其作為調節力量的重要支撐。也就是說，自我肯定作為積極的資源是有條件的，只有當人的注意力轉向自身時，只有人們**把關注點從外部世界轉向內心世界時，自我肯定才能進入自我加工的系統中，它才會起作用。**對於高自尊者來說，他的一般自我概念是積極的，總是具有自我肯定與自信，返回自身有利於整合積極的力量，這種對於積極自我的注意或恢復積極的自我形象，會使威脅事件顯得沒那麼重要，問題解決與否變得不那麼迫切。這些人經歷了一段挫折後，看上去舉重若輕，並不把威脅當作對自我的毀滅。而低自尊者自身缺少安全的自尊資源，不具有積極自我的力量，往往通過否認或曲解或誇大威脅來保護自尊。

為了驗證這個假設，心理學家斯賓塞（H. Spencer）等人做了一項實驗，讓大學生在價格相近的音樂CD中做出選擇，事先將CD根據其價格分成十個等級，然後讓他們在第五或第六級中進行選擇，十分鐘後讓他們重新評估自己所選CD的價格。實驗者的假設是在價格相近的事物之間進行選擇會有損一個人的自我判斷能力。低自尊而不夠自信的人會在選擇後對自己的選擇產生不確定感，所以會在第二次評價中出現合理化的防禦，會有意提高自己所選CD的評價，而降低自己未選CD的評價，但其實他們內心並不一定這樣認為，他們只是害怕後悔，為了掩飾自己的心理而做了一個糟糕的決定。

然而，該實驗的巧妙之處在於控制了實驗條件：在第一種條件下，大學生在進行選擇後，高、低自尊的受試者都在十分鐘後進行CD重評，結果所有的受試者都表現出選擇合理化的傾向，即對自己所選的CD高估，而對未選的CD低估；但是，在第二種條件下，實驗者讓受試者來到現場後，先做了

自尊100句：掌握心理健康的秘訣 · *51*

成功時感覺良好，失敗時感覺就差了，這就是患得患失；
失敗後再也不能自我感覺良好，就掉入自尊缺陷中。

一個自尊的測驗，測驗提醒了受試者把注意力放在自我及瞭解自我的積極資源上。進一步的研究發現，在誘導了自尊的條件下，高自尊的受試者較少出現重評時的高估，甚至沒有出現高估，也就是說他們對自己的選擇更加自信，能夠更加客觀地對待自己的選擇，不用借助高估來掩飾可能的後悔，認知失調更少了；而低自尊者身上沒有出現這樣的結果。

這個實驗說明，人們經歷挫折或面對威脅時，只有關注自我，高自尊者才有機會利用自己的積極資源進行自我肯定，並通過這種自我肯定找回自信、恢復常態。所以，對於高自尊者而言，挫折後的反省有利於應對問題，要動用積極的自我資源；而對於低自尊者來說，反省與自我分析可能無法達到這樣的效果，挫折後的反省很可能具有相反的效果，即產生消極的心理反芻或者是更加焦慮。

自我分析的惡性循環

人們常說「人比人，氣死人」，意思是說，一個人如果經常與比自己強的人比較會產生痛苦。因此，人們又說「比上不足，比下有餘」，意思是說，經常想想比你差的人，你就會感到滿足。

別向下比較

於是，周圍會有許多人充當你的人生導師，在你不順利時告誡你：「人要學會知足，你看有多少人還不如你呢！你雖然沒能升等，但是有多少人想進你們學校當老師還進不來呢！」這樣做只有短期的效果，因為人們本質上不能通過向下比較而獲得幸福，要想幸福必須找到自身中的積極資源，去做自己熱愛的事情，光是向下比是不能真正提升自尊的。

心理學家假定，一個人如果經常盯著比自己過得好的人就會產生痛苦，這意味著「沒有最好，只有更好」，這些人經常是「吃著碗裡的，看著鍋裡的」，缺少對當下生活的投入與滿足。這個假設已經得到了驗證。於是，心理學家提出疑問：幸福的人是不是通常會向下比較，也就是說他們是不是經常通過把別人比下去來獲得幸福感呢？結果出乎意料，幸福的人聽到這個問題後感覺十分陌生，如果不是有人提起，他們幾乎不記得此問題的存在。他們回答

自尊100句：掌握心理健康的秘訣 · *52*

先前的失敗會妨礙後來任務的表現；
前一天的拒絕會引起第二天的敵意，低自尊者表現更強烈。

說，自己在日常生活中通常並沒有要跟別人進行比較的想法，自己忙得很充實，投身於各種活動中，很少有時間去跟周圍的人比較。只有當心理學家提起與別人比較時，他們才會想到這樣的問題。

社會比較的問題涉及的仍然是積極的自我資源。一個擁有充足的積極自我資源的人，不必通過與他人比較來獲得良好感覺，只有低自尊者才會通過與別人的比較來提升自我。

維護自我形象

人們做事時，通常受兩種動機支配，一是掌控動機，二是維護形象動機。前者是指想把事情本身做好，比如創作出好的作品、讓人們分享美的經驗、從事一項技術發明、把某種新產品設計出來等。在此過程中，人們的目標是解決問題、獲得知識和收穫，而對於自我的形象問題並沒有多少考慮。研究發現，在這個動機的驅動下，高、低自尊者都願意與更優秀的人進行比較，因為優秀的人可以提供成功的樣板、提供更多有用的資訊，接近他們或向他們學習都有利於自己解決問題。

人們還有維護自我形象的動機，即展示自我、讓別人喜歡自己的動機。人們做事時不免會想到事情成功後，他人如何看待與評價自己，事情如果失敗了，人們又會如何評價。當人們受此動機驅動時，高自尊者和低自尊者便顯示出了行為反應的巨大差異。

斯賓塞（S. Spencer）等人做了一項實驗，讓受試者參加一個訪談，訪談中要求他們儘量留給他人一個好印象，為了讓自己表現好一些，他們可以事先聽兩段之前的受試者的錄音片段，聽過之後他們要決定是否選擇傾聽整個訪談的錄音。在這兩段錄音片段中，一個是表現得體、給人留下好印象的，另一個是表現不得體、給人留下不好印象的。這時，高、低自尊者都會選擇傾聽表現良好的那個人的完整錄音，因為這樣做有利於自己的表現，可以得到更多的資訊、學習更多的東西。也就是說，在為了完成任務而不涉及自我形象時，人們通常選擇向上比，以此來達到自己的目標。

接下來，實驗者改變了實驗條件，讓受試者先做一個自尊測驗，以啟動有關自我形象的問題，測驗中的問題是：「你是否經常肯定自我？你認為自己是一個什麼樣的人？」事先做了自尊測驗以後，實驗結果有了變化，高自尊者仍

自尊100句：掌握心理健康的秘訣 ·*53*

對低自尊的人，失敗是失敗之母。失敗後更不敢堅持、更容易放棄，對批評自責更敏銳，是對外在世界更遲鈍。

然選擇向上比較，選擇傾聽表現良好的那個人的完整錄音，而低自尊者的行為有了變化，他們會選擇向下比較，選擇傾聽表現較差的那個人的完整錄音。低自尊者一旦開始關心自我形象便缺乏自信，通過向下比較來維護自己的形象不受損害。他們開始緊張焦慮，不能面對現實，害怕自己失敗，所以通過選擇傾聽表現差的錄音來安慰自己，從而使自己獲得安全感。

愈分析愈消極

這個實驗告訴我們，同樣是經歷挫折與失敗，高自尊者會通過自我反省和自我分析，恢復心理彈性、尋找積極的自我資源，而低自尊者進行這種自我分析則可能無效。

筆者一直崇尚精神分析，認為未經反省的生活是不值得過的，所以遇到困難、挫折或經歷煩惱時，習慣於進行自我分析，分析自己的經歷和性格中有哪些因素導致了現在的困境，自己早期的親子關係有沒有什麼問題；一旦出現人際關係的問題，我就試著通過分析自我來明確問題、解決問題。但是，這樣做不僅無助於解決問題，反而使我不高興的情緒持續得更長，可笑可氣的是，往往挫折事件已經過去了，我還停留在自我反省的消極反芻中，造成多餘的心理痛苦。看來，佛洛伊德（S. Freud）唬弄了大家很多年。對於一個自身不具有積極資源的低自尊者來說，越是回到分析自我，就越無法得到積極的力量，因為這種方法本身就是缺乏自信的、缺少正能量的。**分析自我只能發現自身的不足和無力，只能形成進一步的自卑和自責，錯誤與失敗正好證明了不那麼好的、不夠優秀的自我，而這正是要解決的問題。**

不僅如此，對於一個低自尊者而言，這種自我反省與精神分析可能會成癮。有些人出於對自己心理痛苦的瞭解與認識的動機，整天學習精神分析和其他心理治療理論，試圖借助自我分析來解決問題，越是分析自我，越覺得自己消極，越願意深入分析自我，從而形成一個惡性循環。更重要的是，這種自我分析造成的自我貶低可能非常符合他們低自尊的自我評價水準，形成了一種自虐式的滿足感，通過咀嚼痛苦而形成認知的平衡。所以，消極的自我反芻是自我推動的，最終形成了習慣。但是事與願違，不斷地精神分析，不僅浪費了錢財，還因為不斷回歸消極自我而變得更加消極，反而忽視了環境中的積極資源。

自尊100句：掌握心理健康的秘訣 ·*54*

害怕落後、關心競爭的情緒，是人類生存適應策略；
示弱與自責是進化機制，是為了避開死亡的威脅。

高估與低估

斯賓塞等人還做了一個實驗來說明這個問題。讓大學生受試者參加一個難度非常大的智力測驗，事先將他們分成兩組：第一組的受試者測驗後會立即得知分數，第二組的受試者則被告知，測驗是匿名的，之後會被送往一個部門進行科研分析。測驗結束後，受試者要估計一下自己的得分。研究者假定，立即得知自己測驗的結果會激起一個人的自我評價，導致自我形象的威脅；而匿名的測驗則不具有這種效果。研究者把第一組受試者分為高、低自尊兩組，並進行分開統計，發現高自尊者知道自己具有許多積極資源，足以抵抗自我形象的威脅，因此他們往往高估自己的表現，相信自己能得高分；而低自尊的受試者由於缺少這種積極的自我肯定的資源，傾向於低估自己的得分，並努力避免讓自己失望，保護脆弱的自我形象。

再看第二組受試者，由於是匿名測驗，不涉及自我形象的問題，所以其中的低自尊者沒有對測驗分數低估，他們與高自尊者一樣都發生了高估，產生了樂觀偏差。這說明低自尊者對自我形象問題十分敏感，只要面對的問題可能涉及自我評價，他們就會產生情緒波動，就不能再客觀、實事求是地面對現實，而採取自我保護的策略以確保自己不丟面子。然而，面子往往是掙來的，不是通過自我保護得來的，**當一個人過於糾纏於自己是否丟面子這個問題時，往往事與願違，這會妨礙他把精力投入到做事情當中去**，降低了做事的效率，增加了失敗的可能和丟面子的機會。

這再次說明，面對自我形象的問題，高自尊者因為具有自我整合感而能動用積極的自我資源或提取積極的自我形象來應對威脅，而低自尊者則缺少這樣的資源，他們通過向下比較迴避了這種威脅，或者使威脅合理化，從而保護了脆弱的自我形象。

然而，低自尊者這樣做是有代價的，他們不能有效地應對現實威脅，不能滿足自己維護尊嚴的需要，而是迴避了問題、壓抑了需求，會導致身心健康問題、產生心理衝突，越是向下比，就越是不能提升自己的能力，越是不能滿足維護面子的需要，越是產生自我輕視和自我不滿意，最終導致惡性循環。

自尊100句：掌握心理健康的秘訣 · *55*

不由自主擔心犯錯，經歷失敗後感到恥辱與絕望，
是低自尊的特徵，也是與高自尊的分水嶺。

入、多一些向外投入。

不評價自我，也不評價他人

上述實驗為我們克服低自尊的心理痛苦指出了方向，那就是少一點自我捲入、多一些向外投入。

1.忘記自我，物我合一，專注於外界事物，多感覺外物本身的美好，這是戰勝低自尊的途徑之一。馬斯洛（A. H. Maslow）指出，自我實現的人往往以外部事物為中心，他們對外界事物充滿好奇心，敬畏大自然，經常產生高峰體驗，感受到大自然和社會的美好。而低自尊者則剛好相反，他們以自我為中心，經常出現自我捲入。出於低自尊，他們經常將小事上升到一定的高度，比如「三八」婦女節評選模範代表，他們會焦慮得前一晚睡不好覺，新年晚會出一個節目也要焦慮兩三天。因此，低自尊者要以無所謂的態度去面對不順利：不就是丟個面子嗎，不就是出個醜嗎，不就是技不如人嗎，能怎麼樣？

一個人最好不要從整體上評價自我，包括好的評價。接納自我的人不會去評價自我，也不會去評價別人和世界。他們以做事情為中心，不以自我為中心，想的全是如何把具體的事情做好，就不會對自我與世界的關係進行評價了。筆者以為，一個人只有在適應世界方面出了問題時，才會去評價自我與世界，才會提出這個問題。如果總是在問「人生意義在何方」、「人為什麼活著」，這樣的人可能已經出現了適應問題。

無言以對

接納自我、他人和世界的最高境界就是無言，即「無言以對」。無言說明一個人投入行動了，在默默地做事情，而議論和評價則顯示他還在徘徊、猶豫，還在進行思想爭論，人還游離於真實的世界和行動之外，還沒有從「知」落實到「行」。

艾利斯（A. Ellis）是認知行為療法大師*，他說過不少心理健康格言，其中許多是圍繞著拒絕評價自我、要以事物為中心的：

* 認知行為療法是一組通過改變思維或信念和行為的方法來改變不良認知，達到消除不良情緒和行為的短程心理治療方法，艾利斯的合理情緒行為療法（REBT）是代表性方法之一。

自尊100句：掌握心理健康的秘訣 · *56*

放大自我懷疑與自我貶低，自我感覺就不能真實反映現實，就是自尊資源不足，就愈缺乏有效行動力。

我也許經常在思想、感覺和行為方面表現得很傻、很愚蠢甚至很神經質，但是這絕對不會使我成為一個愚蠢、無用、無能或是可鄙的人，絕不是做什麼樣的事情就會成為什麼樣的人，儘管我自己過去錯誤地認為自己是這樣的。

我可以堅決地拒絕對我自己的自我、自己的存在、自己的本質或者自己的個性進行評價或評估，但是我只會對自己的行為和表現予以評價。雙手合十放在胸前，祈禱平安。

我也將對我的生活狀況進行評價，評價的標準就是看它們能否幫助我和我生活於其中的群體實現我們的目標，看它們能否維護我們的利益，但是我不會將我的整個世界或者生活評價為好的或是壞的。並不是整個世界都變壞了，壞的只是這個世界的某些方面。

我除了有一些缺點和不好的傾向之外，還有一些很不錯的優點，但我並不能因此就說自己是一個很優秀的人。現在我應該從我的這些優點中得到樂趣，我應該利用自己智力上的天分發揮出自己更大的潛能！

要做到不怕丟面子，就要在做事時多想一想能力提升的需要。人們經常會產生需求方面的衝突，比如參加演講比賽：一方面需要提升自我能力、展示自己的能力，通過練習把自己變成一個善於演講的人、一個不怯場的人，這對於自己的成長是有好處的；另一方面有保護自尊的需要，害怕出醜，害怕失敗，擔心被大家嘲笑。人生當中很多事的結果只是暫時的，而能力的提升則是長期的利益，更是一生的資源。**如果把能力的提升當作人生的主要目標，從自我成長的長遠角度看問題，那麼一時的失敗就不那麼重要了**，因為即使丟了面子，對於自我成長也是有利的。收益是絕對的，丟面子是相對的。參與的收穫要遠遠高於逃避的收穫。

因此，我們要學會重過程，而不是重結果，因為結果往往不可控。

無果以對

生命是一個精彩紛呈的過程，還是由功利、名譽構成的結果？是成功重要，還是參與重要？有人說，過程與結果同樣重要。我以為，對於一個心理健康、心態正常的人來說，這不是什麼問題，他腳踏實地活著，知道自己的目

自尊100句：掌握心理健康的秘訣 · *57*

將主宰交給不清楚的外在，有危機時，
你就缺少抵禦力量，變得焦慮不安。

標，較為坦然和從容，沒有多少焦慮，此時，用不著你去問這個問題。可是一個因為過度在乎成功而焦慮、過度害怕失敗甚至感到危險的人，或是一個特別擔憂受損的人，自然會考慮結果，擔心結果不好，患得患失。

究竟哪種觀點對於情緒的平靜有用，對於解決問題有用，對於產生心理幸福感有益？筆者以為，還是不強調結果為好，尤其是不要從自我中心立場強調結果。

結果確實很有吸引力，也構成了一個階段的具體目標，但是該如何理解這個結果呢？從發現事物本身意義的角度看，重結果是必要的，科學家也重視實驗的結果。無視結果是不現實的，很難令人接受。但是，**受情緒困擾的人總是將結果與個人是否優秀聯繫起來**，將結果和自我評價聯繫起來，過分重視結果的功利性，這是低自尊的需要。人生是一條不能停息的河流，時間對所有的人都是公平的，王公貴族與平民百姓的一天都是二十四小時，所以，我們不是說結果與功名不重要，而是說有了結果後，一個人仍要繼續、不停地前行，不得不度過生命的每一天。一個人不能把生命寄託在一次成功上，因為時光不會停滯，光環也會褪去，新的一天又要開始。

有結果甚至追求結果是一個自然的、正常的過程，但心中卻不必總是裝著結果，尤其是不要把結果與個人優秀與否聯繫起來，而是要重視人生的追求過程，追求體驗的豐富性和創造性，勇於變化和創新，這才是心理健康的更高境界。這個境界可以叫作無果，即「無果以對」。艾利斯的話同樣精彩：

> 通過養成和保持一種對重要事情的「令人神往」的興趣，我就能夠體會到人生的變化、流動和豐富，也就是說，從我所做的事情本身得到樂趣，而不一定是為了什麼其他的目的，也不是為了證明自己是一個多麼優秀的人。我會因為這個流動的內在樂趣和它給人帶來的快樂而隨它前行。如果這個樂趣能夠在其他方面給我和別人以幫助，那就可以算是意外收穫。
>
> 我將會盡力去做幾件能讓自己快樂的事情，但是我不會讓自己對某種思維、感覺和行為上癮，要是我自己身不由己地去做某件事情，我將會對此深惡痛絕。如果我不努力使自己不再像以前那樣不安，不努力使自己遇事更加坦然，我就實現不了自己的夢想，相反的我還會使自己更加不安。
>
> 儘管我很喜歡那種知道自己在一些重要任務上表現得很有能力和效率的感

自尊100句：掌握心理健康的秘訣 ·*58*

表面自卑與內心好強形成強烈反差，外表鎮定不代表內心和諧，自我捲入過多，更擔心需求不能滿足，自尊就出問題了。

覺，但是這並不能使我成為一個很有能力或是很優秀的人，沒有這樣的事情！我會去提高自己在某一方面的技巧，而我這樣做，主要是因為我能從中得到快樂並能獲得好的結果，而不是為了證明自己很優秀。

2.**控制自身的注意力，將注意力轉向外界。**人的注意力是有限的，同一時刻人們要麼注意外部事物，要麼注意自我的得失。低自尊者特別需要控制自己的注意力，注意培養外向的能力。我們的注意力要集中於外部事物，不給自己留下關注自我評價的機會。積極心理學有一個經典實驗，讓大學生受試者完成A，休息十五分鐘後再做接下來的B卷。這十五分鐘時間，受試者可以留在座位上等待，也可以主動把自己的試卷送到另一棟辦公樓，而送試卷來回的時間剛好接近十五分鐘，但只有很少的人選擇了送試卷，多數人都選擇留在原地休息。接著心理學家宣佈取消B卷，並測試幸福感，結果發現，選擇送試卷的少數人在幸福感測驗上得分更高。研究人員認為，這是因為他們的注意力被分散到了送試卷的過程中，而更少地去反省和評估自己答A卷的表現；留在原地等待的人可能會更多地分析自己的表現，評估自己的答卷情況，所以更容易焦慮。

善於自我管理的人並不只是會自我鼓勵，而是學會了自我管理的技巧。

在著名的「延遲滿足」實驗中，能夠延遲滿足並最終得到更多獎勵的孩子，並不是直直地盯著糖果告訴自己不能吃、要忍住的人，而是能夠轉移注意力的人，他們當中有的數數糖果，有的去玩別的玩具，都會遠離糖果。慢慢地，時間過去了，他們戰勝了誘惑。我們可以通過練習瑜伽、內觀來學會控制注意力，讓注意力遠離個人的自我榮譽，而專注於審美、探索、鑽研和技能的提升上，從而發現客觀事物的美好。

3. 挖掘積極的自我資源。低自尊者缺少積極的自我資源，當自我形象可能受損時，他們可運用的積極的自我資源很少；這並不是說他們本身就缺乏積極自我資源，而是說他們在過去的經驗中，沒有積累太多積極的經驗，很少有機會學會展示自我、實現自我，反而學會了更多的保護自我不丟面子的防禦手段。因此，他們需要重新學習，開始新的人生體驗。在這裡，挖掘積極的自我資源不是簡單地回到整體的自我肯定，比如認為自己是一個不錯的人，發現自己的長處，而是要學會真正認識到自己的人生價值並能珍惜這些價值，更重要的是去實現這些價值。

自尊100句：掌握心理健康的秘訣 · *59*

維護自我概念與自我期望的一致與穩定，是天性；
當矛盾衝突出現，自尊就出了問題。

無效的自尊訓練

在早期的自尊訓練中，有這樣一個活動，即讓學生每天都對著鏡子說「我很棒，只要我想成功就一定能成功，我一定能做到」。在教學中也有這樣的活動，讓其他同學只指出該生的優點，而不指出其缺點，老師也要關注學生的優點，並忽視其缺點。這種自尊訓練對於低自尊者沒有用，而高自尊的孩子反而容易自我膨脹、以自我為中心、更加自戀了。研究發現，讓一組大學生每天花四分鐘對著鏡子說「我很棒」，低自尊的大學生練習一個星期之後更加低自尊了；而另一組大學生只是在電腦上與心理學家交流，寫出對自己行為的感受，得到心理學家適當的回饋，結果這一組受試者的自尊水準提升了。

整天對自己說「我很棒」為什麼無效呢？第一，低自尊者可能並不相信這些話，他們在情感上仍然不能接納自己；第二，語言有聯想的作用，越是說「我很棒」越有可能在主觀上聯想到「我還不夠棒」。「牛奶、牛奶」的實驗就證明了這一點：實驗者讓受試者想像三秒鐘牛奶的香味、顏色等，然後讓他們儘量不要想牛奶，結果與不經誘導想牛奶的那組受試者相比，他們會更多地想到牛奶。當誘導人們說「我很好」的時候，會讓人想起「我還不夠好」，還有比自己更好的人。艾利斯聰明地認識到了這一點，他會說「我儘量不說自己好」，不評價自己顯然是更加明智的。

蘇東坡心態積極樂觀，在被貶官之後不僅成為美食家，發明東坡肉、東坡羹，還寫詩作畫，他特別反對荀子的一句「青出於藍而勝於藍，冰生於水而寒於水」。他諷刺道，青和藍相差無幾，冰和水本是一家，偏要比出一個高低來，實在是自尋煩惱。

開發自我積極資源並不能停留於語言上，而應如實地、帶著珍惜之心去完整地評價自己，尤其是留心自己的目標和潛能，看看自己珍惜的價值是什麼、自己的優勢是什麼、自己的人生夢想是什麼，然後去實踐自己的優勢、實現自己的夢想。這個行動與實踐的過程是非常重要的，它能帶來全新的感受和經驗，提升自己的層次，擴大自己的生活領域。

人生的最主要目標是有效地實現自己的目標和願望，而不是擔心目標落空；**能將注意力放在如何實現目標與理想上的人，將比一味地擔心目標落空的人更有效率、更加幸福。**

自尊100句：掌握心理健康的秘訣 · *60*

出於自尊或別人的看法，並非真實需要，心理就不健康；
內外自我一致，行動有效，實事求是，對心理健康有利。

第五章・低自尊者缺的是什麼？

為什麼低自尊者經常運用自我保護的策略來規避自我形象的受損或威脅，而不能運用自我實現的策略來提升自我形象呢？他們為什麼缺少積極的自我肯定資源，以應對自我形象的威脅？根本的原因在於他們在成長過程中沒有學會積極的生活方式，他們生活的基調是如何不犯錯誤、如何規避損失，而不是實現需求、追求目標和活得精彩。

低自尊者只是不夠積極

低自尊者並不是自暴自棄之人，他們在生活和工作中努力掙扎著，也很想成為優秀的人，只是他們的自我評價和人際關係出了些問題。

美國心理學家布朗（J. D. Brown）讓大學生受試者對自己及他人的多種能力和人格特徵進行評價，題目包括積極和消極兩個方面：前者包括擅長運動、吸引人、友好、富有創造性，後者包括不勝任、輕率、虛假、不吸引人、動作不協調等，然後考查兩組大學生評價的差異。結果發現，涉及對自己的評價時，高自尊的大學生得分比低自尊者要高一些，而**涉及對別人的評價時，低自**

尊的大學生更為苛刻，他們給別人能力和人格特徵的打分更低，而高自尊的大學生對別人較為尊重，給別人打分也較高。這說明低自尊者試圖通過貶損他人來彌補自己的不足感，他們愛看別人的笑話，愛看別人出醜，其實並不是因為缺少同情心，這是他們提升自尊的方法。

布朗發現，低自尊的大學生雖然不如高自尊者那樣給予自己較高的評價，但從自尊測驗的絕對值來說，他們並不消極，得分也都在平均值上下。事實上，低自尊的大學生只是不如高自尊者那樣積極，因為高自尊者對自己的評價遠遠高於平均值。在對自己評價和對他人評價進行比較時，這個傾向更加明顯。低自尊的大學生在八個積極品質上（總共十四項）對自己的評價比對他人的評分高，而在十二個消極品質的評價上比對他人的評分高。這種差異非常大，低自尊的大學生認為自己比大多數人更富有同情心、更為友好和忠誠，同時也更少輕率、愚笨和不吸引人。因此可以得出結論，高自尊者傾向於認為自己所有方面都超級好，低自尊者也傾向於認為自己在各個方面都比較好，但不會過分評價自己，他們只是沒有高自尊者那麼積極。從絕對值上來看，低自尊者偏向中性。

自尊100句：掌握心理健康的秘訣 · *61*

高自尊的自我提升策略與低自尊的自我保護策略，都具適應性；不論低調謙卑或高調自信，都是有利人際交往的人格面具。

常識告訴我們，低自尊者或自卑者經常認為自己無價值，然而事實並不是這樣，只有少數心理不健康者會這樣認為。絕大多數低自尊者並沒有產生絕望、自輕、自虐等情緒，他們只是自我評價不那麼積極。因此可以說，低自尊者的心理問題可以理解為不夠積極而不是過於消極。他們不能積極地自我肯定，不能積極地承諾和投入，缺少自我誇張和積極的自戀。許多人能夠從有利於自身的角度來解釋事情的發生，但低自尊者缺少這種能力。

適當高估自我才是王道

低自尊者往往缺少積極的自我肯定與自我誇張，而這些是普通人樂觀、承諾和投入的心理基礎。生活在多重價值觀的現代社會中的個體，行為的選擇日益增多，只有堅信自己的想法和信念是正確的，其行動才會更有效率。低自尊者在歸因、動機和知覺這三個方面都缺少自我誇大。

心理學家布萊恩（C. J. Bryan）等人提出了「自我有利偏見」（Self-serving Bias）的概念，就是說人們傾向於將事情結果解釋成有利於自己的情況。偏見是指不顧及真實的情況而歪曲現實，不能準確地感知現實。自我有利的偏見就是不管現實的標準，而對有關自我評價、他人的行為和自己的行為做出有利於個人的解釋和判斷。

自我有利的歸因

歸因在心理學上被認為是對行為結果的解釋，通常可以分為三種情況。**第一種是內部的或外部的歸因**。如果把行為結果解釋為能力、人格特質或主觀努力，就是內部歸因；如果把結果解釋為環境的因素，比如天氣、運氣、他人等，則是外部歸因。大量研究發現，高低自尊者在歸因上存在差異。**高自尊者經常產生自我有利的歸因偏見，對成功做出內歸因、對失敗做出外歸因的解釋**。比如，高自尊的運動員通常把成功解釋成自己的能力強、努力多，而把失敗的結果解釋成運氣不好或天氣不好；夫妻中高自尊的一方會認為自己對家庭的貢獻更大，認為家庭有今天的好局面都是自己的功勞，一旦家庭內部出現爭吵或不幸，就傾向於認為是外部的環境因素或他人的原因；高自尊的學生如果考試成功，就傾向於認為試題真實地反映了自己的水準，如果考試失敗就會認為試題出得有問題，不能如實反映自己的水準……高自尊者普遍真實地這樣

自尊100句：掌握心理健康的秘訣 · *62*

事情做成，需求滿足，就會有好感覺，就會感到幸福；自尊水準影響人性目標制定，從而決定不同生活走向。

認為，他們這種自我有利的歸因是自動的、毫無疑問和天經地義的。

低自尊者則剛好相反，他們對於成功進行外歸因、對失敗則進行內歸因的解釋。比如，一個低自尊的學生如果考試成功了，就傾向於認為是自己運氣好，這次是「瞎貓碰上了死老鼠——矇上了」，他反而有些焦慮，會對自己說：「這次考試又不是期末考試，萬一期末考砸了該怎麼辦？」這種不利於自我的歸因會導致不幸福。如果考試失敗了，他就會認為可能是自己的能力不足、努力不夠，失敗是必然的，下次要好好努力。他不會去查分，看看是不是老師計分錯誤了，更不會去抱怨老師出題不公平，他在情感上和心理上很容易接受這個結果，不會產生憤怒和不公平感，而是覺得這沒有什麼意外，自己可能就是一個不夠努力或能力不足的人。

第二種是時間程度上穩定與不穩定的歸因。這種歸因是說對成敗在時間程度上的解釋，比如把成敗看作暫時的還是永久的。在這個方面，高自尊者仍然傾向於自我歸因、自我有利的解釋，他們考試成功後會傾向於認為，自己鹹魚翻身的時刻已經來臨，從此就要進入成績好的第一陣營了，即將來臨的期末考試「捨我其誰」。要是考試失敗了則會認為，這是暫時的，下次一定會考好，壞運氣不可能總是跟隨。相反，低自尊者會認為考試成功是暫時的，這次是撞上好運，說不定下次就會考砸，所以不能放鬆，得繼續努力，確保下次成功，而把考試失敗看成是永遠的，下次也不那麼容易翻身。

第三種是空間上的普遍性與個別性的歸因。高自尊者往往從自我中心的角度，誇大成功的普遍性，貶低失敗的普遍性。比如，高自尊的學生如果考試成功了，就會欣喜若狂，並由此聯想到，自己不僅功課成績好，而且運動、文學方面也很優秀，自己是幸運兒。而如果考試失利了，他們不會損害一般的自我概念，比如數學沒有考好，會認為只是幾何部分沒有考好，代數部分還算不錯，下次幾何部分加強複習就是了；如果數學整體都沒有考好，他會認為自己的英語和語文成績並不差，自己還不是一個差勁的人。如果每一科考試都失利了，他會想到自己長相不錯、打球還不錯、家庭條件更是一流。他總是能從有利於積極自我的角度來解釋事情，所以不易產生憂鬱情緒。而一個低自尊的學生一旦考試失敗，就會誇大失敗的普遍性。比如數學沒有考好，他會認為自己物理和化學可能也考不好了，因為這些科目都是有關聯的；如果各科成績不好，他還會聯想到自己長相也不好、人緣也不好、家庭條件也不好，人家會更加瞧不起自己。

自尊100句：掌握心理健康的秘訣 · *63*

對現實發生的事，每個人都會依自我評價去重新理解；
好事對心理健康的影響，要通過自尊來起作用。

總體上，高自尊者不僅能夠錦上添花，還可以苦中作樂。取得成功時，他們會採用自我提升的策略，失敗時則採取自我保護的策略。而低自尊者不僅身在福中不知福，面對失敗時，還會採取自取其辱或自我貶損的應對方式。

自我感覺的好壞

施倫克爾（B. Schlenker）曾經做過一個考察在群體中高、低自尊者的歸因偏見的實驗，讓高、低自尊者參與到群體協作解決問題的過程中，實驗者操控任務的失敗。研究發現，當解決問題成功時，高自尊者認為在協作過程中，自己的意見沒有受到其他成員的影響，而任務失敗時，他們認為自己的意見受到了其他成員的影響；而低自尊者無論解決問題成功與否，都認為自己的意見會受到他人的影響。這說明高自尊者成功時會自我提升，失敗時會自我保護，然而低自尊者往往採取溫和、中性的方式來應對成敗。

高自尊者採取的這種有利於自我的歸因方式，在外人看來可能是自欺欺人，甚至是不道德的。把成功歸結於內部因素，把失敗歸因於外部因素，這不是厚臉皮嗎？不是貪天功為己有嗎？這不是逃避與推諉嗎？這不是典型的自私自利嗎？的確，高自尊者在這方面顯得以自我為中心，不能正視自己對失敗的責任，所以有時表現得很冷漠。相比之下，低自尊者倒是顯得謙虛平和，他們勝不驕、敗則餒，做人一貫低調，失敗後主動檢討自己的過失，從主觀上認清自己的過失與責任，因此能得到主管和周圍人的接受和喜歡。

這僅僅是從人際和諧和道德標準上來評價人們的行為，如果從心理健康和幸福感的標準來評價，高自尊者的歸因更有利於心理健康，有利於幸福感，能夠有效地預防憂鬱症。**現實的情況往往是，失敗已經發生，自責也無濟於事，不如忘記或重新開始**，那就要擺脫消極情緒的困擾和影響，所以外歸因也有其情緒靈活的道理。另一方面，將成功歸因於自己頗有能力，有利於建立自信和自我成長，有助於擴大積極能量，提高做事的積極性；而將失敗看作個人的能力和努力不足，則有可能損害整體的自我概念，令人陷入憂鬱。研究發現，憂鬱症與低自尊有著密切的關係，憂鬱症患者的歸因方式與低自尊者對失敗的歸因方式如出一轍。

其實，下述整合性觀點可能更完整。對於一個自我感覺過糟、經常無地自容的低自尊者來說，成功後一定要加強自我反省，儘量把成功的積極情感誇

自尊100句：掌握心理健康的秘訣．*64*

對被討厭、被拒絕過於警覺，注意力就很難抽離去注意其他，
就無法集中心力注意人際對象與內容。

大，並做出有利於自我提升的內部歸因，學會沉浸於成功的喜悅中，進行積極的心理反芻，也就是說要善於「躺在功勞簿上」，**欣賞和珍惜自己的能力和努力，適當增加自戀，提升滿意感和自豪感**，這樣有利於正能量的積累和提升積極資源，做一個精力充滿、樂觀積極的人。而面對失敗，不要太自我反省，要學會適當的外歸因，不要一味地自責，要善於接受不可改變的失敗，從中解脫出來，面向未來。

而對於自我感覺過於良好甚至失真的高自尊者來說，我們的建議剛好相反：成功時不要過於自我膨脹，要想著別人的貢獻和承認別人的權益；失敗時要適當地檢討自己，儘量多從自己身上找原因，不要一味地歸咎於環境，好像失敗與自己無關似的。

樂觀的偏差

常識告訴我們，能夠正確認識自己是心理健康的必要條件。人格心理學家奧爾波特（G. W. Allport）指出，對自己有一個公正、客觀的態度是一種首要的品質，它是其他方面得以發展的基礎。公認的心理健康的標準也是這樣定義的，即心理健康的人能夠客觀如實地認識和評價自我，瞭解自我。

但是，也有人不同意此觀點，比如黑茲利特（H. Hazlitt）認為，自我欺騙具有益處，**生活就是欺騙的藝術，不瞭解真實自我的人反而活得更好**。現代進化論者也普遍同意人類不僅會騙別人，而且還會自我欺騙。有些時候，一個人會對自己表演出來的真相深信不疑。

不少心理學研究都同意，人們經常無法客觀地進行自我評價，而往往誇大了自己的能力。美國一九七六年進行的一項有一百萬高中生參加的調查發現，70%的學生認為自己的領導能力處於中上水準，85%的學生認為自己的社交能力處於中上水準，60%的學生認為自己的運動能力處於中上水準。但這並不符合實際能力分佈的情況，顯示有少數學生對自己的評價是不真實的，至少有20%的學生對自己領導能力的評價不真實，有10%的學生對自己運動能力的評價不真實，而35%的學生對於自己社交能力的評價不真實。

盧因森（P. M. Lewinsohn）等人做了一項研究，讓非憂鬱與憂鬱的受試者參與一系列為時廿分鐘的團體討論，每次討論後要求受試者填寫一份包含十七

自尊100句：掌握心理健康的秘訣 · *65*

無條件的接納讓人們輕鬆主動參與，
有條件的期望讓人們承受壓力消極防護。

個項目的量表，比如認為自己表現得有多友好、熱情和自信等，評價自己的社交能力。與此同時，受過訓練的研究助手通過單向玻璃觀察這些人的互動，結合上述量表對受試者的表現進行評價。研究發現，兩組受試者關於自己行為表現的自我評價都高於他人對他們的評價，其中，非憂鬱的人對自己的評價比他人的評價更加積極。總體上講，憂鬱的人對自己在討論中表現情況的自我評價更加準確，而非憂鬱的人就誇大了自己的優點，他們沒有認識到自己的不足，這說明非憂鬱的人經常高估自己的長處，對自己感覺良好，主觀評價也比別人的實際評價更加積極。當然，這種樂觀偏差還不至於離譜，還沒有完全脫離實際。

而**憂鬱的人則普遍謙虛或低調一些，雖然他們也認為自己表現不錯，但總體上接近他人對他們的評價**。這樣看來，如實瞭解自我並非心理健康的必要條件，適當高估自我才是心理健康的王道。

控制的錯覺

那麼，人們對於自己控制環境的能力的評價是否準確呢？詹金斯（H. H.

Jenkins）等做了一個控制燈亮實驗，在某些情況下，受試者按壓電鈕燈就會亮，另一些情況下，受試者按壓電鈕燈不會亮，無論是哪種情況，受試者都傾向於高估自己對燈的控制。人們往往誇大自己對事物的控制能力，這種現象被稱為控制錯覺。

憂鬱的人或缺乏自信的人會不會低估自己的控制能力呢？阿洛伊（L. B. Alloy）等人也做了上述實驗，把大學生受試者分為憂鬱和非憂鬱兩組。實驗中，受試者可以選擇按鈕或不按鈕，但按壓電鈕後燈不一定亮。如果選擇按鈕，燈亮的概率為75％，如果選擇不按鈕，燈亮的概率為50％、25％或0。也就是說，受試者不按鈕時，燈也可能亮。因此，受試者按亮燈的可能性為25％、50％和75％不等。該實驗讓受試者評估自己按亮燈的控制力，結果發現，非憂鬱的受試者誇大了自己按亮燈的概率，而憂鬱的受試者準確地評估了自己沒能按亮的概率。也就是說，非憂鬱的人誇大了自己的控制力，而憂鬱的人則準確地覺知到自己不能控制的情況。**憂鬱的人往往在失敗時對自己的評價更為客觀，成功時也更加低調**，而非憂鬱的人在成功時會產生強烈的自豪感，產生控制的錯覺和全能的幻想，面對失敗時的自我評價也更為主觀，控制雖然降低，但仍然有一定的自我掌控感。

自尊100句：掌握心理健康的秘訣・*66*

外在消極事件與內在心理素質是產生憂鬱的兩個基本條件；
外向與積極情緒正相關，與憂鬱負相關。

接下來的實驗中，非憂鬱和憂鬱的受試者要按四十次電鈕，如果選擇對了，燈會變亮，受試者會得到二十五美分；如果選擇錯了，燈不會亮，受試者將交出二十五美分。按壓電鈕結束後，讓他們評價自己的按鈕活動與燈亮之間的關係。注意：這裡的燈亮與否是隨機的，與是否按壓電鈕沒有任何關係。研究發現，無論是憂鬱還是非憂鬱的受試者都會出現控制錯覺，即認為自己對於燈變亮有一定的控制能力。有意思的是，如果選擇錯了，非憂鬱的受試者會低估自己控制燈亮的能力，甚至低於憂鬱者的評價，雖然差距不大。這時非憂鬱的人會認為14%的燈是受自己控制而不亮的，而憂鬱的人則認為有16%的燈是受自己控制而不亮的。也就是說，當結果不利時，憂鬱的人傾向於認為是因為自己的控制導致燈不亮，願意承擔更多的責任。但在選擇對的情況下，結果非常富有戲劇性，這時非憂鬱的受試者一下子變得非常自信，大大提升了對於自己控制能力的評價，此時，他們認為57%的燈是自己按亮的，而憂鬱的人則低調得多，認為自己按亮燈的概率為26%。這顯示，**當結果有利時，非憂鬱的人產生了極為強烈的積極錯覺，自我評價變得更為失真**，出現了嚴重的自我膨脹感。

心理健康者天生對失敗和錯誤不太敏感，而對成功和成就更加敏感，他們對於成功優先反應，戴著玫瑰色眼鏡看世界。而憂鬱的人或低自尊者天生對失敗和損失更加敏感，對於錯誤優先反應，總是戴著黑色眼鏡看世界。

以上實驗和分析再次說明，心理健康與如實認識自我和評價自我無關，而與失敗時努力接受與解脫、成功時極度自我膨脹有關。

知覺的偏差

> 兒子是自己的好，老婆是別人的好。
>
> ——民間格言

心理學研究發現，大部分人在日常生活中都會表現出樂觀偏差，這可能是出於一種自我保護機制。因為人類是唯一能意識到死亡的動物，這種必死的知覺實在是太恐怖了，於是，在進化中人類發展起來了一種自我保護的心理機制——樂觀。樂觀的主流理論認為，樂觀是一種氣質，也叫氣質樂觀、本能樂

自尊100句：掌握心理健康的秘訣 · *67*

某種標準成了唯一價值，比如以照顧孩子為職志、為專業而一生懸命，一旦達不到，又無可取代，就導致憂鬱。

觀。樂觀的人並不是經過對現實的精緻評估，並未把未來的好壞可能性認真分析一遍後才做出的判斷，而只是一種好感覺，相信明天好事多於壞事的直覺。這一點在希臘神話中就有所顯現，當潘朵拉的魔盒打開時，邪惡和災難跑了出來，但宙斯還是在魔盒中放進了一樣東西，這就是希望。

被賦予希望本質的人類，在面對難以預測的未來時往往本能地相信明天一定會更好。心理學家做過一個實驗，讓受試者估計自己的未來和他人的未來，如果人們總是認為自己的未來比別人的好，就說明他們對自己持有樂觀看法。研究發現，結果的確是這樣：人們往往估計自己的未來比別人的好，比如同樣得了癌症，讓受試者估計自己能存活多長時間、別人能存活多長時間，結果受試者往往高估自己的存活時間——其實沒有證據證明受試者一定比別人活得長。大部分人都認為，自己的孩子更加聰明、可愛，自己更有可能經歷愉快的事情，而他人會比自己更有可能經歷挫折事件，比如遭遇交通事故、出現健康或其他問題。同時**人們還有一種傾向，即非常樂觀地看待親朋好友的未來，而對一個陌生人的未來則悲觀得多。**

吃不到葡萄說葡萄酸。

——民間格言

心理學家還比較了非憂鬱的大學生與憂鬱的大學生對自己和他人未來經歷成就與挫折事件的可能性，發現非憂鬱的大學生明顯相信自己未來的好事會很多（得分為十八點三一分），別人未來的好事不如自己多（得分為八點三八分）。而憂鬱的大學生剛好相反，認為自己未來經歷成就事件的可能性不如別人高，自己的得分是零點六七分，而他人經歷好事的得分是五點九三分。從中可以看到，憂鬱的大學生明顯誇大了別人的優勢與運氣，以「損己利人」的方式看待自己的未來，而心理健康的大學生則以「損人利己」的方式看待未來。

也有人指出，低自尊或憂鬱的人在看待自己的表現時，往往沒有誇大，因此相對準確和低調，但在看待別人時則出現了誇大。他們戴著玫瑰色眼鏡看待別人，認為什麼都是別人的好，兒子是別人的好、老婆也是別人的好，輪到自己了什麼都普通，甚至不算太好，兒子不算好、老婆不算好，他們還要更好才行。而樂觀的人則會誇大自己所擁有的，兒子和老婆都是自己的好，但對別人

自尊100句：掌握心理健康的秘訣・*68*

只有在逆境中感覺不太壞的人，才真正擁有健康自尊；
別對模糊訊息消極解釋，被拒絕後應即時進行積極自我調節。

的未來和行為表現的評價則較為客觀與真實，認為別人的沒有那麼好。由此看來，民間的格言「兒子是自己的好，老婆是別人的好」，並非完全正確。人格所影響的判斷是「全或無」式的，對於樂觀的人來說，兒子、老婆、車子和房子都是自己的好，只要是自己擁有的東西就會升值。而對於憂鬱的人來說，兒子、老婆、車子和房子通通都是別人的好，只要是自己的東西就會貶值。

不僅如此，高自尊者還具有自我調節的能力，**在經歷一個不幸事件後，他們能進行有效的認知重評，即思維具有靈活性，能對事件的意義進行重新解釋並相信自己的解釋**。有研究發現，如果一個高自尊的大學生上的不是某所理想的大學，一年後他會降低對該大學的評價，他會對自己說：「那所大學沒有那麼好，自己現在讀的大學也不錯，能讀這所大學也是很幸福和自豪的。」而一個低自尊的大學生則剛好相反，如果沒有被理想的大學錄取，過了一年後反而會提高對該大學的評價，他會對自己說：「那所大學沒有錄取我，說明他們很棒，分數又高。我現在讀的這個大學的確很普通，從學風到基礎設施都比沒錄取我的那所大學差遠了。」

動機的偏差

低自尊者特別不愛冒險，他們認為冒險的選擇不僅有可能造成經濟上的損失，更重要的是會產生消極的情緒。如果在不穩定但收益更大與穩定但收益更小這兩個決策當中進行選擇，他們往往傾向於後者。理財中就經常會出現此類的問題，一種是基金理財產品，不承諾保本，有一定的風險，但根據現有專案評估，年回報率為15％；另一種是定期儲蓄，年利率僅為3％，但非常安全，肯定保本——低自尊者一般會選擇後者。有研究指出，低自尊者感到焦慮的並不是經濟損失，而是要避免錯誤的決定給自己造成糟糕的感受，以維護自我的不穩定形象。由於他們自我的積極資源較少，在做決策時，他們首先要確保不丟人現眼，不能賠了錢讓人看笑話。

為了驗證這一點，布萊恩等人做了一個實驗，他們讓高、低自尊者進行冒險決策，一個收益高但不穩定，另一個收益低但穩定，告訴受試者無論選擇了哪一個，都不公佈選擇的結果是好還是壞，因為受試者不知道別人選擇的結果，不能與別人進行比較，也不知道自己的選擇是好是壞。研究發現，在這種條件下，低自尊者選擇了冒險策略，不計後果，因為無論如何選擇，成敗都不

自尊100句：掌握心理健康的秘訣・*69*

消極自我認知導致消極情緒與行為，反過來加重消極自我認知，這就是憂鬱的惡性循環。

影響聲譽與評價。當不涉及自我評價或自尊時，低自尊者也變得大膽了，真可謂「無知者無畏」啊。

低自尊者的解藥

上述研究給了我們啟示，要克服低自尊，一味地克服自卑的感覺是不行的。只是奉勸人們戰勝對失敗的恐懼、克服對可怕後果的糾纏並沒有擊中要害，最為重要的是讓低自尊者樹立人生的目標、編織人生的夢想，並將所有精力和熱情投入於這個夢想，去憧憬並最終實現人生夢想。

心理健康首先在於有效地滿足自身的需求，但人的需要與動機是雙重的，既有防禦性，比如保命、保安全、防止被殺、節約、防止錢財損失、避免別人說自己的壞話；又有自我提升和自我實現的要求，比如如何賺更多的錢、如何贏得異性的喜歡、如何讓別人尊重自己。低自尊者過於保守，固執於防禦的需要，不能體驗人生的精彩和豐富，妨礙了需要實現的快樂，因此，我們建議低自尊者從「夢想練習」做起。

夢想練習

1. 經常想一想你的最佳自我是什麼

反省自己內心的基本需要、自己的夢想，想想做哪些努力有利於實現自己的夢想。

你不妨經常思考：如果人生可以重來，什麼事情是自己必須做的，什麼樣的人是自己最希望成為的樣子；為了成為這樣的人，自己可以做什麼改變。

或者想像三年後，你重新坐在了這裡，你最希望自己有哪些改變，你希望附加在自己身上的有什麼，在滿足成就、能力、人際關係、審美等各種需要方面，自己能取得什麼樣的進展和收益。

你還可以深入進行這個練習。拋開個人的虛榮、別人的評價和父母的意見，你最想做什麼。如果不是為了家庭的榮譽，你想自由選擇的最有價值的事情是什麼，做什麼是你人生命定的，什麼才是你的宿命和終極目標。這些都是你自己才能回答的問題。

假如你的夢想實現了，想像一下會是什麼樣子，你的人生會有哪些改變。為了實現自己的夢想，你今天可以做什麼，這個星期以及這個月可以做什麼。

記住，夢想可不是空想。有一個工人走在大街上，有記者上前採訪，問他的「中國夢」是什麼，他的回答令人啼笑皆非，是「當國家領袖」。這正是低自尊的表現。研究發現，低自尊者出於自我形象的保護，經常不是把目標定得過高，就是定得過低。過高的目標反正也不會實現，因此只是想一想，沒有任何行動的風險；過低的目標總能確保實現，肯定不損害自我形象，這種目標定位還可以保護面子。

而高自尊者則經常給自己定一個既高於自己現有水準又有可能實現的目標。首先目標要高於現有水準，它就是嶄新的、從來沒有做過的，對個人來說，這是一種全新經驗和冒險，是充滿不確定性、充滿風險和挑戰的，令人激動和嚮往。但同時它又是努力一下、跳一跳或勇敢伸手就可觸及的，是中等難度的目標，這就是俗話說的要吃「跳起來夠得著的葡萄」。高自尊者會不自覺地這麼做，所以他們具有自我效能感和掌控感。

看來，拿破崙的名言「不想當將軍的士兵不是好士兵」是成功學的大唬弄，是望梅止渴式的欺騙，心理健康的人或高自尊者不會輕易上當。心理健康者的格言可能定位得更加實際，這顯現為「不想當班長的士兵不是好士兵，而不想當工頭的工人不是好工人」。

在這裡寫下你的本真夢想：

2. 學會品味生活

品味是指沉湎於當下的體驗，充分享受當下體驗之美好。設想在高溫夏日，你打開冰箱，倒一杯冷藏的雪碧，杯子裡泛著氣泡，你喝下一口，細細感覺酸甜而冰涼的體驗，該是多麼愜意！

品味就是努力將當下美好事物的感覺放大、保存，專注於當下感覺之美好。品味時，人們忘記了對事物的評價，而專注於感覺，同時注意力集中於當下的感覺，所以也忽略了過去和未來。所以說，能夠專注於一件事情的人更加幸福。

焦慮的人因為缺乏安全感而重視佔有，總是匆匆趕路而忘記了欣賞路邊的風景，比如他們旅遊時看到了美景就趕緊照相，之後就會想下一個景點可能會更好，可別錯過了時間。而一個低自尊者旅遊時，可能會想到：「我欣賞了這麼多美麗的風景，這是我來到的第幾個國家？可能是第十五個，哦，不對，是第十六個。」他會不自覺地聯想到自己的優越感，想著回去如何向別人誇耀。上述心態都會妨礙我們品味當下，妨礙我們體驗生活的美好。

今後，你吃到了好東西，一定要放慢一點速度，細細品味美食；看見了美景，一定要多停留一會兒，細細品味景致。比如見到一輪明月，一定要駐足一會兒，充分體驗柳枝間明月的美麗；來到海邊，一定慢慢深呼吸，充分體驗海邊空氣的清新。

在這裡寫下你最近經歷的品味生活的小事：

3.學會回憶美好經驗

低自尊者由於積極的自我資源不足，所以對於錯誤和損失會優先反應，經常回憶讓人後悔、自責等消極挫折的事情。為此筆者建議，要學會回憶生活中的美好，有選擇地去想像美好事物。每天睡覺之前，誘導自己去回憶過去的成功或美感的經歷，回憶令自己感動的事物。積極心理學提出了一種有利於幸福的方法，即每天記錄三件好事。好事不分大小，只要是有意義的、讓人欣慰的就可以，所見的美景、利他的事物和正義的行為都可以。有一天晚上我去公園散步，忽然發現一團雲中隱約有一輪滿月，白雲纏繞著明月，月亮羞答答地時隱時現。我駐足在路邊，透過松樹的枝條注視著明月，一種美妙的感覺油然而生。這是我平生看見過的最美麗的月亮，我品味著這個美好的時刻，回家後連忙記下自己的感受。

只有堅持寫好心情日記，才能取得效果，這樣你的注意力就會下意識地轉移到對生活中積極事件的關注，你漸漸地就會對感受幸福成癮。

在這裡記下你的三件好事：

第六章 · 自尊的差異在哪裡？

「幸福的家庭都是相似的，不幸的家庭各有各的不幸」，這句名言得到了心理學研究的證明。總體上，人們對積極評價或成功結果的反應是相似的，無論是低自尊者還是高自尊者，在獲得別人的好評後，都會產生積極的情緒反應。每個人都希望成功，這個願望實現後也都會感覺良好。多年前就有研究指出，低自尊者聽到好評後會不舒服，聽到批評時反而更高興，但這個研究是有問題的。

對失敗與批評過敏

正如第五章所闡述的，低自尊者在總體上並不十分消極，在某些具體事情和細節上的自我評價甚至非常積極，其要害是對自我存在整體上的偏向中性或不明確的評價；在若干次的自我評價中表現得不穩定，得分不一致，這說明他們的積極資源不夠，不太確信自己究竟是一個什麼樣的人，傾向於維護看起來不那麼棒的自我。低自尊者的要害不是消極的自我評價，而是對自己的成功和成就沒那麼高興，給自己的掌聲不夠響亮，相反，對於失敗則反應過度。因此，低自尊起作用的時候通常是在人們遇到失敗，或者被人批評、拒絕或輕視，或者遭到他人反對的時候，總之當負面的評價出現時，低自尊就會出現。

人類與動物之間不存在自尊問題，成人與嬰兒之間也不涉及自尊問題，但人與一個和自己相似的他人之間就一定存在自尊的問題。**只要是兩個有自我意識的人，就會存在自尊的問題，自尊源於人際比較。**布朗（J. D. Brown）在《自我》一書中曾經舉過一個經典的例子：

假定你的老闆要你準備一個專案的報告，在仔細考查了該專案後，你覺得它肯定能得到批准。你認真地準備好了一份報告，裡面列出了你的立場，你把它交給了老闆。但老闆讀過你的報告後，拒絕了你的建議。

現在到了午飯時間，你決定到外面吃點東西。你看到三個同事在一起討論。十二點時，他們三個一起出去了，沒有叫你。

這時你的感覺如何？你會感覺到悲傷和失望，還是憤怒和沮喪？你整個下午的心情會受到這件事的影響嗎？你還能集中精力解決手頭的事情嗎？對

自尊100句：掌握心理健康的秘訣・*70*

減輕痛苦與增進幸福是兩相獨立的，可以共存；
樂觀與悲觀，希望與絕望，積極與消極，是互相更替的。

這些問題的回答將暴露你的自尊水準。這樣的經歷會給低自尊者造成傷害，他們會感到十分羞愧和恥辱，感覺自己無用和不受人喜歡，而高自尊者卻不會有這樣的感受。

所以，高自尊和低自尊的分水嶺是低自尊者受到打擊、經歷失敗後會有深深的恥辱感和絕望感。

布朗等人為了驗證這個假設，設計了一個誘發失敗回饋的實驗。實驗者請大學生受試者完成一項智力測驗，通過改變測驗題目，由一半受試者能通過，另一半則通不過。然後根據事先分好的高、低自尊組，由他們填寫情緒量表。

總體上，無論是高自尊組還是低自尊組的學生，在得知智力測驗失敗的消息後都是不高興的，或者是失望的。但是在如何看待自己和評價自己上，高、低自尊組的學生表現出了差異。低自尊組學生成功時自我評價良好，失敗時對自己的感覺很差，認為自己很可恥、慚愧、對自我不滿意，把小小的失敗上升到尊嚴的高度，覺得很不好意思。而高自尊組則沒有因為失敗就認為自己很差。

失敗可以遺憾，並不可恥

心理學家還做了一個實驗，讓高、低自尊的大學生從事一個難度很高的數學測驗，兩人一組進行比賽，其中的一個人是實驗者的同謀，時而扮演贏家，時而扮演輸家。實驗目的是考查不同自尊水準的人得知輸贏結果後的情緒反應，實驗者還要詢問受試者得知結果後是否還想參加此類測驗。研究發現，低自尊者得知自己輸了後，表示拒絕再參加類似測驗，即使這次贏了也不太願意參加下次的測驗。而高自尊者則相對不容易受結果的影響，無論是輸是贏，他們都表示願意參加此類測驗或遊戲。

還有一個研究發現，高自尊者得知自己贏了後，會產生自我提升，即增加了主動性和好感度，測驗之後如果有自由時間，會主動弄清楚測驗中沒弄清楚的題目，而低自尊者則沒有這樣的行為。

接下來，研究者請一位權威人士評估受試者的能力，這次不僅告訴受試者他們自己的結果，也告訴他們別人的得分，進而分析社會比較的作用。結果發現，當低自尊者得知自己的得分是優秀時，就會非常高興，但得知參加測驗的

產生積極體驗與發揮潛能，是抵禦心理疾病最好的武器；
找出自我的積極強項，是憂鬱症康復的重要途徑。

大部分同學得分也是優秀時，馬上就不高興了，甚至開始變得痛苦。而高自尊的受試者得知其他人也和自己一樣是優秀時，並不十分在意，仍然很高興。這說明高、低自尊者維護自尊的方式不一樣，**低自尊者似乎是通過貶低或損毀他人來獲得自尊，高自尊者似乎能通過提升自我來獲得自尊**。

低自尊者似乎不能從成功中獲得進一步提升自我的力量，不能通過一次的成功在自我評價上獲益，成功後也不能充滿正能量，並借勢來進一步發展自己，走向卓越；他們成功後也高興，但不會產生自豪感，好像只是鬆了一口氣，可能對自己說「這次表現還不錯，總算沒有丟臉」。他們甚至會想：「折磨人的考驗總算過去了，我終於可以過一段平靜的日子了。」由於不能借助成功來提升自己，他們只好通過貶低別人來獲得自尊，只有在得知別人不如自己時，他們才會感到喜悅、感覺到安全。

而高自尊者則能夠從成功中獲益，成功對於他們來說是重新發現自我的好機會，也是自我的一個轉捩點。他們會對自己說：「自己這次成功了，就證明自己是一個有能力的人，看來過去的自我評價是錯誤的，自己真棒，自己原來並不比別人差。」他們在成功後會追求更大的成功，他們喜歡挑戰的感覺。所以，在得知別人成功後，他們並不覺得妨礙了自我的好感覺，而是盯著自己的目標，想著下一步如何做得更好。

正如心理學家鮑姆加特納（J. Boumgartner）等人指出的，高自尊者通過內在心理（intrapsychically）的力量來進行自我提升，即拿自己與自己設定的目標比較，通過激發內在的動機超越自我，以實現人生的價值。而低自尊者則是通過人際間（interpersonally）的比較來進行自我提升，即通過超過別人來實現人生的價值。低自尊者懷疑自己具備內在能力，需要依賴他人的良好評價來獲得自我提升。有研究發現，當誘導低自尊者把注意力和動機放在如何挖掘內在資源、關注潛能實現時，人際比較效應就消失了，他們也能夠通過內在心理的力量來進行自我提升了。

進一步的分析可知，這兩種不同的動機和追求導致失敗後的消極情緒具有質的不同。一個人如果為自己設定的目標而努力、追求自己的理想，挫折與失敗導致的情緒就是內疚感和遺憾，即覺得自己很可惜、很惋惜，其中包含著同情和憐憫。**如果一個人設定的動機是把他人比下去，那麼失敗後他將產生無地自容的可恥感和丟臉**。他彷彿看到了別人嘲笑的目光，這實際上可能只是他自

自尊100句：掌握心理健康的秘訣 · *72*

一個認為自己一無是處的人，即使憂鬱傾向很嚴重，
也可能在談到誠實時會對自己有積極的評價與信念。

己的投射，因為他自己就是這樣的人，才會認為別人也是這樣想的。

就事論事與患得患失

高自尊者總體上對自己持有積極的看法，對自己的優點和價值深信不疑，所以他們認為失敗的結果不會傷及自我，失敗的結果只是局部的、就事論事的。而低自尊者對自己是否有價值、是否是一個好人不確定，自我肯定是脆弱的，自我概念是好壞參半的、是不穩定的，所以他們失敗後就會感覺到打擊了自我，感覺到恥辱。因此，對於自尊水準不同的人來說，失敗意味著不同的意思：低自尊者認為失敗意味著整體的不勝任，自己是一個很糟糕的人；而對於一個高自尊者來說，失敗只是意味著能力不足，自己只不過做不好某一件事情，或者缺少某一種能力。

達頓（D. Dutton）等人做了一個實驗，驗證了這個想法，首先讓受試者在智力測驗上成功或失敗，然後讓他們在如下四個問題上評價自己：1.具體能力：你在這個測驗中表現出來的能力是高還是低？2.一般能力：你是一個聰明的還是不聰明的人？3.社交品質：你對人是虛偽的還是友好的？4.自我評價：總體上，你是一個好人還是一個不太好的人？

實驗結果很有意思。在具體能力上，高、低自尊者在失敗時都會認為自己在測驗所代表的具體能力上很差。但對於第二個問題，高、低自尊者出現了差異，測驗失敗後低自尊者開始懷疑自己的一般能力，認為自己沒有能力，而高自尊者身上沒有出現這個現象。在社交能力上，低自尊者在測驗失敗後傾向於貶低自己的社交能力，認為自己不僅在這個測驗中得分低，而且智力能力不夠高，也不夠友好、不受人喜歡；高自尊者則不會這樣，他們似乎會通過誇大社交能力來彌補測驗的失敗。而在整體的自我評價上，也出現了同樣的反應：測驗失敗後，低自尊者認為自己不是一個好人，而高自尊者身上沒有出現這樣的影響。

布朗指出，失敗對於低自尊者的打擊非常大，使他們自己的感覺很差，並讓他們覺得丟臉；高自尊者失敗後會很失望，也會在特定的方面產生很不好的感受，但他們不會將失敗看作對自己整個人的否定，也不會感到那麼丟臉。

自尊100句：掌握心理健康的秘訣・*73*

憂鬱的人常抱怨別人待他不好，而別人則傾向認為他是好人；
憂鬱的人只不過好心情比常人少一些罷了。

低自尊者不是在絕對水準上看不起自己，而是無法在失敗的條件下接受自己和正確評價自己。他們對自己的接受與良好感覺是有條件的，成功了就會感覺良好，一旦失敗了感覺就差了。這會導致他們情緒生活的不穩定。**對於低自尊者來說，自己的心情取決於最近一次事件的結果**，這就是「患得患失」。而高自尊者並不這樣看待失敗，他們的自我感覺並不依賴於最近剛剛取得了什麼，可以達到「不以物喜，不以己悲」境界。

失敗不是成功之母

研究發現，如果沒有受先前任務的影響，也就是說，在人生中，你是第一次做某一件事情，那麼自尊水準的高低不會影響你完成任務。對於陌生的事情，人們都會投入與堅持。

另外，在先前任務是成功的條件下，自尊水準的高低也不影響以後任務的堅持，即無論自尊高低，人們先前的成功都具有鼓舞作用。但是，先前任務的失敗卻會對低自尊者產生很大的影響，妨礙他們後來任務的表現，但對於高自尊者來說，這種消極影響並不明顯。

不敢堅持

經歷了先前的失敗後，低自尊者的表現是更容易放棄，對於他們而言，失敗不是成功之母，而是失敗之母。如果先前的結果是有利的，也會表現得很好，與一般人無異。但是，經歷失敗後一切都會變味，會變得信心全無，對自己的做事能力產生懷疑。他們不能像一般人那樣出於利益或理性的考慮，選擇堅持下去，在困難面前具有一定的韌性。當然，如果經歷多次失敗還不放棄也不利於身心健康。一項研究發現，如果實驗中被電擊的狗永遠沒有衝出閘門的機會，那些被電擊後持續發怒、掙扎著連續撞擊閘門、永不放棄的狗，會因為無效的反抗和暴怒而衰竭死去。而選擇放棄的狗，雖然每次被電擊後不做任何努力，只是哀號，但可以活得更長久。可是，明眼人都知道，在經歷微小的困難或失敗後，選擇堅持下來通常會獲益，成功的概率會更高，低自尊者好像對此視而不見，這才選擇了放棄。

筆者上大學時，有一個非常優秀的學長，他的專業能力一流，可以與教授

自尊100句：掌握心理健康的秘訣．74

自我欺騙也好，積極錯覺也好，畢竟都對心理健康大有助益。

對話，我是他的粉絲，大夥都認為他一定是前途無量的哲學家。他本來可以免試讀碩士，但他年齡偏大，外語不太好，因為政策有變，所有人一律要參加考試。他只好精心準備，但就在離考試還有一個星期時，他因為壓力過大而退出了考試。具體的細節無從知道，但旁觀者都認為，他只要參加考試，成功的可能性非常大，後來事實上當年的外語低標線很低。像他這樣一個高智商、充滿豐富思維的人，對自己的能力和考試成績的預測、對利益與損失的評估竟然如此幼稚與失真，只能用「低自尊」來解釋。聽說他畢業後到偏遠地區當了一名普通教師，過著平凡的生活。

據統計，美國大約有一半的企業在開業四年後倒閉。亞馬遜總裁貝佐斯一九九五年在一個地下室中創立公司，整整八年沒見一分錢的利潤，期間還經歷了網路泡沫。談到成功的關鍵人格因素，他只選擇了「樂觀」，因為是樂觀使他堅持了下來。失敗後人們會悲傷失望，但有些人能憑理性知道什麼情況下堅持會有收益、放棄會沒有收益，而能夠選擇堅持或放棄。**而低自尊者失去了理性的指引，因為陷入自責而不顧眼前的利益，受惡劣情緒的影響而選擇放棄甚至逃避。**正如亞里斯多德所言，「做正確的事情，你就有好心情。」堅持做下來就會有好心情，而放棄通常沒有好心情。

容易放棄

低自尊者之所以在遭遇失敗後容易放棄、變得主觀，很可能是因為失敗後過於自我關注。經歷挫折後，他們把大部分心思都放在反省上，變得過分自我關注，注意力不能放在真正要做的事情上。進一步的心理分析認為，低自尊者面對重大失敗後，會陷入類似自我分化或解體的心情中，眼睛不再注視外在世界，而是變得封閉。外界的刺激，比如別人與他的談話或別人大笑，他都不會起任何反應。深深的恥辱感和絕望感，把他拉下悔恨和自我攻擊的懸崖。他整個大腦在處理與外在世界有關的資訊方面變得遲鈍，只是在批評和自責方面異常活躍，整個人失去了對外在世界的興趣。這個反應也是不由自主的，不受意識所控制。幸運的是，隨著時間的流逝，大部分的自責情緒都會自動消失。

低自尊者經歷失敗後傾向於自我保護。經歷了失敗和挫折後，很多人通常再堅持一下才放棄，他們不輕易降低抱負。**而低自尊者為了不失掉面子，會選擇更加有把握但回報更低的行為。他們更不愛冒險去把損失奪回來，而是變得更加保守、小心翼翼。**原來那個開朗、敢冒險的人不見了，取而代之的是優柔寡斷的人。從一個要求絕對控制的焦慮者一下子變成了追求低標準的求安者，

自尊100句：掌握心理健康的秘訣 · *75*

高自尊對能力的自信，不等於成功的實現；
高自尊使自我情緒受益，卻也可能以損害他人的感受為代價。

選擇比自己能力低的事情來做，潛能因此得不到發揮。伍德（D. Wood）等人做了一個實驗，研究者讓找自尊高低水準不同的受試者進行職業能力測試，並給予成功或失敗的回饋，也讓受試者可以看到自己和其他人的成績。研究發現，低自尊者在得知自己的成績不錯之後，急於與其他人比較，而得知自己成績不好之後，又往往主動避免與他人比較。我們在生活中也可以發現，低自尊者經常不敢主動去查看自己的考試成績，除非別人告訴他成績不錯。他們也經常不敢看自己的錄影，除非聽到別人說自己表現不錯。

失敗為什麼那麼可怕？

那麼低自尊者為什麼容易受到先前失敗結果的影響呢？為什麼失敗會讓他們感覺到自己很無能，整體感覺上很恥辱呢？他們的內心世界究竟出了什麼問題？

生存策略

這主要是因為先天的遺傳和早期的環境讓人們形成了某種人格缺陷或者是人格特點：優先考慮和優先重視的價值是如何不落後、如何不犯錯誤、如何不蒙受損失，人生最主要的內容不是活得精彩和獲得掌聲，而是不丟臉、不被人瞧不起。安全感是他們優先要考慮的問題，他們就像食草動物，注意力總是放在如何不被其他動物捕食上，而要保證這一點，就必須關注如何才能落下一兩個同伴，而不是關注自己可以跑多快、能否打破奔跑紀錄，因為落到最後的同伴通常會被老虎、獅子吃掉。

筆者傾向於認為，這種害怕落後、極度關心競爭的想法和情緒具有進化的基礎。進化論學者也大膽地推論，犯錯之後嚴厲的自我批評與自責反映了動物界弱者的自我保護機制，對於維繫生存具有重要的意義。比如，猴王吃飽了以後，還有剩餘的香蕉，地位低的猴子想要吃，猴王就會阻止。但是，如果地位低的猴子把臀部撅起來，顯示「我服從你了，你可以騎我，你是王，我是臣民」，猴王就會恩准牠吃，這是一種生存策略。

自尊100句：掌握心理健康的秘訣 · *76*

高自尊對別人評價較高，對自己受歡迎程度也高估；
低自尊對別人評價更低，對自己受歡迎程度則低估。

每個人都存在於人際關係中，人們需要合作才能戰勝大自然的惡劣環境，才能治水患、才能狩獵，**你在群體中犯了錯誤，就會受到他人的排斥與懲罰，就會出局**。這種排斥對於個體的生存是致命的，意味著死亡與毀滅，因為離開了群體，個體是無法生存的，這種孤獨的流放等同於死刑判決。記得看過一段電視影片，講述猴子的故事。老猴王被打敗後，受到了群體的排斥，處境非常悲慘，沒過幾天就悄無聲息地死去了，屍體隨河漂流，永遠地被淘汰與遺忘了。人們失敗後會受到他人的白眼與排斥，甚至可能是出局，但是如果能主動承認錯誤，自己懲罰自己，自己主動跪下來自打嘴巴，自己揪自己的頭髮，就會得到別人的諒解，就會得到寬恕，就可能不會出局。此外，這種刻骨銘心的自責也會令人牢記教訓，以後少犯或者不犯這類錯誤。

示弱與卑劣感

示弱有時還能救命。有一個小孩，平時膽小從不惹事，經常受某人欺負與壓制，有一天終於被逼急了，拿起竹條狠狠地抽了對方幾下，然後被追著跑回家，一進家門就放聲大哭，好像被欺負的是他，而不是對方。這樣家長不僅不懲罰他，反而保護他。這是一種通過示弱尋求保護的進化機制，具有適應意義。從這個意義上講，低自尊具有積極意義，否則不會被進化保留下來。

低自尊者缺少掌控感和勇氣，示弱性在大腦中應當有其專屬位置，是不能再被分析的，它只是作為一種情感體驗客觀存在著。**它發生於潛意識，是一種體驗系統，是有關個人總體人生價值的模糊的情感態度**，比如「我就是不那麼優秀、那麼天才、那麼發光，只是普通人，要小心才行」。這種自我情感不涉及對自己具體能力或品質的概念，它自上而下地統轄著有關自我的具體能力和品質的判斷。我稱其為被決定的「卑劣感」。這種與生俱來的卑劣感或自動的卑劣感決定了低自尊者對失敗和犯錯誤更加敏感。

不由自主的緊張焦慮

孩子經常會犯錯誤，比如打翻了牛奶或者在幼稚園牆上挖了一個小洞等。普通的孩子也會害怕，也會知道自己犯了錯誤，但並不覺得自己整體上是一個差勁的人、自己是一個壞孩子，他們犯錯之後注意力還可以集中於別的事情上。而低自尊或神經質人格的孩子則過分焦慮，甚至會覺得自己很可恥，認為

自尊100句：掌握心理健康的秘訣 · 77

低自尊容易被接納，不用承擔太多責任與風險；
焦慮緊張雖帶來心理負擔，也可能使人對任務更重視、更認真。

自己是一個壞孩子。一個小小的錯誤就會激起整個自我的災難，對於他們來說，小小的失誤意味著世界末日，**犯錯後，注意力不能集中於別的事情上，還會被可能到來的懲罰糾纏著，於是整日擔心不已。**來筆者這裡做心理諮商的小李就講過他小時候的一次經歷。他上幼稚園時中午睡不著覺，只能服從老師躺在床上，可是他的眼睛一直都睜著，實在無聊了，他就用小棍子在牆上挖，時間長了挖出了一個小洞，結果越挖越大，最後有半個拳頭大。老師發現後告訴了小李的父親，小李什麼都做不了，腦子中只想著一件事，就是即將到來的末日審判：來自父親的懲罰。破壞公物可是天大的「罪行」！可是沒想到，想像中的懲罰並沒有來到，父親只是找人將被損的牆面修補好了而已。長大後，小李還是對錯誤和失敗反應過度，他知道這樣想和這樣感受並不對，但總是心煩意亂。

樂觀與悲觀

對此，心理學家強調，形成恥辱感的並不是一個認知或推理的過程，比如孩子打翻了牛奶後並不會這樣想：「我的身體協調能力很差，精細動作不如別人，而其他具有良好協調能力的孩子就不會這樣，所以與他們比，我很差勁。」同樣，小李也不會對自己說：「別人都能睡覺，只有我不能。別人沒有破壞性，只有我手賤，不老實、不聽話。」他只是犯錯誤之後，不由自主地覺得自己很不好。

當然，養育環境也非常重要，正如愛波斯坦（R. Epstein）指出的那樣：「高自尊者通常都會很愛他們的父母，父母以孩子的成就為榮，並會容忍孩子的失敗。這樣的孩子長大後傾向於擁有樂觀的生活態度，並能承受外在的壓力，而不會因此變得非常焦慮。雖然他們也會因為一些特殊的經歷而感到失望和沮喪，但他們能很快從失敗的陰影中走出來。相反，低自尊者卻有一對不贊同他們的父母，他們對孩子的失敗很苛刻，對成功也只有短暫的快樂。這樣的孩子在成長中對挫折和拒絕過分敏感，對挫折的容忍度低，容易陷入失敗的陰影而難以恢復，生活態度也很悲觀。」

這種自我卑劣感一經形成就會發揮濾鏡的功能，使人戴著黑色眼鏡看問題，透過它來看待自己的經歷和品質。低自尊者儘管在容貌、智力、才能和受歡迎程度上，並不比高自尊者差，但他們卻**對自己的真實性產生懷疑，尤其是在面對失敗和錯誤後，會放大自己的自我貶低，覺得自己比其他人更差。**實際

自尊100句：掌握心理健康的秘訣 · *78*

好感覺只是一種人格類型，壞感覺雖然心靈痛苦，
卻也許讓我們更努力解決問題。

上，他們和高自尊者一樣具有優點和缺點。

此外，研究者還指出，低自尊者在日常生活中也並不缺少積極的自我評價。當失敗沒有發生時，他們會認為自己相當討人喜歡，相信自己是聰明的、比一般人受歡迎、有吸引力，他們不會沒事就自責自尋煩惱。但是在打擊或失敗後，他們的心態就會發生一百八十度大轉彎，心境一落千丈，幾乎是垂直地落入萬丈深淵。高自尊者不會這樣走極端，而是平緩地滑落，暫時擁有壞心情。低自尊者不是缺少積極評價，而是會產生比實際需要更多的差勁感和痛苦。犯了錯誤之後，低自尊者會這樣說：「是的，我知道我是一個聰明的、有吸引力的人，可以把許多事情做好，但我就是不能自我感覺良好，特別是在我失敗或者犯錯誤的時候。」

成為自己的主人

這個缺乏自信的自我對於失敗是如此敏感，所以今後在遇到涉及成敗利益或面子的事情時，就會感到緊張和焦慮，對事情的結果格外重視。一遇到與名利等有關的事情就緊張、信心不足，給人的感覺是過分重視和追求這些名利，但實際上，高、低自尊者在對名利的價值判斷上幾乎一樣，他們同樣追求名利，也都重視事情的結果。只不過低自尊者由於缺少掌控感和自信，而過多地糾纏和考慮這些事情，或者在名利有關的事情上，他們比高自尊者更多地耗費了情感能量和注意力，想法更多，顧慮更多，也更患得患失。但在行動上，他們爭取名利的有效行為甚至可能更少。

這樣看來，我們內心深處存在著一個對自己是誰的深深的情感，即在感情上覺得自己是整體的和自主的，有一種活著的力量感，即活力，可稱之為「生存的勇氣和創造性」。這個古老的自我肯定存在著巨大的個體差異，被心理學家冠以「自尊」的差異。這個差異幾乎是**做人起點的差異，也是人性的基本差異，只有在自我肯定、自己是主人的人性取向下，個體才能幸福、才能抵禦挫折**。相反的，在自己都說不清的情況下，就將主宰自己的權利交給別人、交給權威或外在世界，比如名譽、金錢、權力，甚至是交給自己都不清楚的力量（如良心），在這個過程中失去了真實的主體性和自主性，當環境有變化或危險時，你就會缺少抵禦的力量，變得焦慮不安。塑造這個被自己深深愛著的自我，成為自己的主人，並不像我們想像中那樣自然，主宰本身需要不同於一般的勇氣，因為它背後意味著自由與擔當。

自尊100句：掌握心理健康的秘訣・*79*

同樣是做事，有人以利益為目的，有人同時追求樂趣與意義；有人為了博得掌聲，有人為了實現抱負。

第七章・自尊與自我實現

「低自尊」這一概念通常用來描述那些自我評價嚴重脫離自身實際表現、低估自己價值的人。這些人不相信自己是有價值、有能力和可愛的，在心理治療與諮商理論中，阿德勒（A. Adler）早就開始關注這個現象了，他把這種人稱作自卑的人。然而，低自尊者又是最好強的人，主要是因為他們動機和需求的表達與實現表現出了矛盾性：一方面，他們處事低調、不那麼自我肯定，甚至經常表現出自我懷疑；另一方面，他們內心深處又時而表現出爭強好勝的一面，對於成敗比高自尊者更加敏感、更加關注事情的結果。這種表面的自卑與內心的好強形成強烈反差，甚至產生衝突，而高自尊者更加表裡如一，外表感覺良好，內心也如實地追求成就。

> 如果你能做的低於你想要做的，我要警告你，你會後悔。
>
> ——馬斯洛（A. H. Maslow）

渴望成功又不相信自己

早期有關自尊的研究得出了一個簡單的結論，即認為低自尊者是徹頭徹尾的對自己持有負面看法的人，這種人似乎有自虐傾向。比如，有一個著名的研究認為，低自尊者更喜歡來自他人的批評，而不是表揚與肯定。他們相對喜歡批評自己的人，而不相信表揚自己的人。這個結論有一定的道理，比如，低自尊者的確在被批評後表現出接受和虛心的態度，他們聽到批評後雖然不舒服，但是經常不為自己辯解和開脫，似乎覺得批評可能是中肯的、對自己有利的。與高自尊者相比，他們寧願接受「謙虛使人進步，驕傲讓人落伍」這樣的信念。而高自尊者通常對於批評有一種本能的抗拒，較常為自己辯解或者是反抗。

兩種動機

另一方面，這個結論與人性的有關常識經驗不相符合，令人費解。哪有受到批評後卻感覺良好、受到表揚卻感覺不好的人呢？這不是一種自虐傾向嗎？有些社會心理學家用認知失調理論來解釋，認為低自尊者既然深信自己是不好的、無價值的，那麼來自他人的批評就符合這種自我評價，才被加工為真實的。而來自他人的表揚並不符合自我的預期，即「我是一個不好的人」，所以低自尊者傾向於認為他人的表揚是虛假的、不是發自內心的。

以有條件的愛教育孩子，往往因為父母也這樣要求他們；
當外在標準內化後，孩子的價值就反映了成人的社會價值。

這種解釋貌似合理，可是並不符合人類的情感與動機。無論如何，人內心的動機都是積極向上的，每個人都是爭強好勝的，在情感水準上，人人都愛聽表揚之詞，而不愛聽批評或壞話。

新近的自尊研究揭開了這個矛盾之謎。原來人們有兩個不同的動機系統，兩者都可以影響人類的行為與感受。

第一個是自我提升的動機（self-enhancement）。這是指一個人在行動或思維上本真地需要維護自己的良好形象，渴望自己能力提高、事業成功或受到他人喜愛與接納。任何人只要能力提高、工作有成就、受到他人的接納，就會產生好感覺，就會出現積極情緒，比如喜悅、欣喜、快樂等。在成功和需要滿足後感覺更好是人類大腦進化的一個自動功能，否則人們就不會追求成功了。這個動機發生於真實的自我情感層面上，是基本的人性，無論一個人是低自尊者還是高自尊者，在追求自我提升的力量方面是一樣的。也就是說，當有好結果或受人接納時，當欲望和目標實現時，人們都會產生滿足感和喜悅感，而當欲望受挫或受到批評時都會不高興。這種情緒反應是自發的、無意識的、不受控制的。自我提升是人類普世的價值觀，只要有提升、有進步，人們便認為是有價值的、值得珍惜的。

然而，人類又是理性的動物，在後天的成長過程中，還因為他人評價或自我評價而產生了**第二個動機，這就是自我一致性（self-consistency）的動機，也叫自我期望的動機**。這是指人們維護現有的自我概念的動機，其功能是使自我概念具有穩定性和一致性，保持自我概念的不變。自我一致性動機可使人們預測並控制重要的生活事件，以便適應自然，具有安全感，更加整合和有效。我們知道，一個自我感覺和自我評價不穩定的人是不可能適應環境的。比如，一個人昨天是喜歡金錢的，睡一覺醒來後，變成了鄙視金錢的道德主義者；一個人前天是外向的、愛交朋友的，今天卻變成了內向的、喜歡獨處的人，這樣不僅自己會混亂，別人也會無所適從。

因此，人的自我概念具有前後一致的穩定性，這種穩定性在認知上表現為自我期望。比如，一個人只有相信自己是打籃球的料，才會積極地去球場，具有練球的動力；一個人只有堅信自己具有做研究的專業特質，才會推動自己去鑽研；一個人只有堅信自己具有賺錢能力，才會推動自己去從商。

自尊100句：掌握心理健康的秘訣 · *81*

得到銅牌不鬱悶，得到銀牌才鬱悶，這完全取決於期望值；自我價值越依賴特定的成功，人在失敗時就越痛苦。

如果人沒有期望，人的價值就不會實現。在臨床上，這種自我期望又叫作自我應驗效應，比如一個人想買白色的汽車，就會注意到大街上都是白色的車；一個人相信自己會成為數學家，就果真在數學上用功並可能發展得很好。任何打亂這種自我評價一致性的力量都被認為是威脅。

衝突與矛盾

在高自尊者身上，這兩個動機的方向是一致的。他們在內心深處的情感上渴望自我提升、渴望成功，而在自我概念的認知水準上，對自己的期望也是自信的。他們相信自己具有實現個人價值的能力，不僅在行動上爭強好勝，而且在認知上相信自己能夠成功，自己就是這樣一個表裡如一、徹頭徹尾的人。所以，他們會制定有一定難度的目標、尋求實現目標的途徑，並著手眼前的行動，而且充滿正能量。

而在低自尊者身上，這兩個動機是衝突的。提升自我與保護自我概念的不變性構成了矛盾。在內心深處的情感層面，低自尊者也會賦予成功積極價值，並且渴望成功、掌聲和表揚，成功後也會激動與興奮；同時，他們也賦予失敗消極價值，非常討厭批評與失敗，反感別人的貶低，失敗後會感覺不好。但是，在自我期望和自我評價方面，他們深深感到自己是無能為力的、是實現不了抱負的、是不能解決問題和掌控環境的，**認為自己的缺點往往比優點更多、劣勢比優勢更多，認為自己通常不受他人喜歡和接納。**

低自尊者內心中出現的這種表裡不一的矛盾與衝突，導致他們不能有效地實現自己的本真抱負，而且這種衝突讓人在滿足本真需要的過程中白白損耗了大量的心理能量，連簡單的事情也令人糾結。

表裡不一帶來的痛苦

低自尊意味著一個人的自我感覺不能真實地反映其現實的狀況，以一種低調的態度來對待世界、與人相處。低自尊者不能直接有效地滿足自我提升的需求，具有錯誤的認知一致性，經常無視個體內在深層次的需要。自我提升與自我一致的衝突會使滿足延遲。這具體表現為如下三個方面。

自尊100句：掌握心理健康的秘訣 · *82*

自尊的來源不可靠或不出於真誠，導致心理不健康；
自我好感覺可以自在自然，也可以做作而令人不舒服。

真實的需要

首先是不瞭解自己的需要。高自尊者不太需要探索自己的需求，他們內心追求自我提升，外在的自我評價和行為也在同時追求，他們不太在意別人的態度和評價，活得較為真實。而低自尊者雖然行事低調，但經常不瞭解真實的自己，不知道自己的真實需要。比如，電影《穿著PRADA的惡魔》中，女主角大學畢業來到頂尖時尚雜誌社做總編輯助理，她在完成總編輯各種奇怪要求的過程中，不惜違背自己做人的原則，雖然在工作上取得了成績，但終於意識到，追求成功與榮耀的時尚界並不是自己真正想要的生活，最終放棄了這一切，回到了男友和自己的小家，選擇了簡單的生活。她在探索自我的過程付出了慘痛的代價，雖然最終收穫了成長與成熟，但畢竟付出了時間和精力。

而一個內外需求一致的人，因為知道浮華與虛偽不是自己想要的，可能早就去選擇這種簡單的生活方式了；要麼適應了時尚雜誌社這種殘酷的工作方式，因為富貴榮華正是她所需要的。**低自尊者出於自尊的需要、出於別人的看法而選擇一個不適合內心情感的職業，他們承受著這種衝突，導致了心理不健康。**

有一個女大學生，畢業後來到一家著名大公司擔任秘書，收入不低，令人羨慕，家長也很滿意。但工作兩年後，她出現了嚴重的心理問題，開始對上班恐懼，上班途中有時嘔吐、出汗，工作效率變低，當主管要提拔她時，她卻想到了辭職。後來她通過心理諮商，發現了病因。原來，她一直喜歡藝術，想當教師，但因為周圍人的看法、家長的壓力和家庭責任，她選擇了自己不喜歡的職業。當秘書要與人打交道，還要做大量的文書與行政工作，這都是她所不喜歡的，她內心的真實感覺是不想做這份工作，可周圍的人見到她都說「這份工作多有面子、收入真高」等，這使她一直不能正視自己內心的真實需要，她為了周圍的人一直壓抑、勉強自己，到最後終於挺不住了，出現了心理問題。

在心理諮商實務中，針對低自尊者常用的一種心理輔導就是讓他們真正回到本心，瞭解自己的需要，比如提問：你的真實需要是什麼？如果生命只剩下有限的時間，你最想做而沒有做的事情是什麼？對於你而言，人生最遺憾的事情是什麼？你五年後最佳的、最理想的自我是什麼樣子？你希望十年後成為什麼樣的人？如果你不必為金錢工作了，你最想成為什麼樣的人？如果你不缺錢了，你最希望自己做什麼？而對於高自尊者則沒有必要這麼做。

自尊100句：掌握心理健康的秘訣 · *83*

當一個人與真實的自我核心接觸，心理機能得到充分實現，
本真自尊就會出現。

內心的感受

其次，高自尊者內心追求利益，外在的自我感覺和認知上也表現為追求利益，自我是一致的，行動有效，臉皮也厚，這種人面對利益採取實事求是的態度，往往有利於心理健康。而一個低自尊者面對利益反而更加容易緊張。比如面對年終獎金：如果感覺到分配不公，高自尊者可能就會與有關主管爭執，或者公開表達自己的不滿意，也許達不到目的，但他比較不會考慮如果公開為獎金吵鬧，其他人會怎麼評價自己，別人是否會認為自己太自私了。而一個低自尊者，從內心的真實感受和需要來說，經常感到別人欺侮自己，自己總是吃虧，是一個弱者，對別人有一種敵意和攻擊性。而出於自我形象的維護，他又強烈地感到自己不應當與人爭，從小就有人告訴自己「吃虧是福」，要維護自己的好形象，為了利益與他人公開爭吵是一件可恥的事情。然而，外表的鎮定不代表內心的和諧。

有研究指出，低自尊者遇到有關利益的事件時，內心自我捲入更多，內心深處非常緊張焦慮，連很小的利益都能激起他們情感上的驚濤駭浪。比如「三八」婦女節進行優秀員工評比，他們也會如臨大敵，好像分幾百萬家產一樣緊張。實際上，低自尊者對肯定的結果更加關注，更加擔心需求不能滿足，更加需要以肯定的結果來提升自我，所以他們容易在小事上斤斤計較，容易焦慮、煩惱。其實，正視自己的需求並有效地滿足它，就不會那麼緊張了。

效率的妨礙

最後，低自尊者的內外感覺與需求的衝突還會有礙執行，對於自我能力和社交方面缺乏自信會使一個人失去許多機會，導致心理能量消耗在自我分析與評價上。一個本真的人並不需要過多的自我分析，因為他是有效率的，比如電影《阿甘正傳》中的阿甘，每天都忙於做事情，他能集中精力，目標明確，自我整合得很一致，具有一個健康的自我，所以他勇於承諾，很少發生衝突與矛盾。而效率的提升進一步完善和證明了心理健康的自我價值與自我肯定，使目標更加明確、效率進一步提高，從而形成良性循環。

反觀低自尊者，自我提升與自我評價會發生較大的衝突，妨礙目標的實現，造成失敗的後果，使內在經驗更加痛苦，於是痛苦的人開始進行自我反省：「我是怎麼了？我為什麼這麼倒楣？怎麼痛苦的人總是我？」自我反省

自尊100句：掌握心理健康的秘訣 · *84*

炫耀自吹不以事實為基礎，缺少事實描述與情感投入，
這是自戀的虛假的高自尊，背後動機在於維護脆弱的自我。

加重了內心的愧疚與痛苦，形成了對錯誤的內部歸因，並且容易牢記教訓；這在某些時候或許具有優勢，比如一個身處荒島的孤獨者，痛苦能使其接受教訓，有助於下次取得成功。但是在現代社會環境中，尤其是在與人共事的過程中，面對社會比較，其內心的痛苦反而會誘發自卑並造成交往障礙。

選擇高目標還是低目標

自我提升的動機能使人們在把事做好時感覺良好、肯定自己，它可分為兩個過程：一是儘量努力地提升自我、滿足自己的需要；二是努力排除對自我的威脅，防止自我提升的失敗，這又可被稱為自我保護的動機。**高自尊者通常採取自我提升的策略，而低自尊者則往往採取自我保護的策略**。應當承認，兩者都具有適應性，因地制宜發揮著作用。

有些情況下，比如事情的成功可能性很大，或者條件是中性的，成功與否更多地取決於人的努力程度，這對於高自尊者是有利的，因為他們通常更有自信、感覺良好，為自己設定一個較高的冒險目標，一旦成功的話收益很高。然而，如果情況不利，勝算的可能性很小，低自尊者的保守策略更具有適應性，因為目標較低、容易實現，相對成功的可能性就大，而且事先確定了保守的目標，失敗後挫折感也較小。

低自尊者的問題在於，他們經常不分情況地設置過低的目標，有時明明環境對自己有利，仍然因為不夠自信或是保守策略，而**選擇了較低的、容易實現的目標；這樣的目標即使實現了，價值也不大，產生不了自豪與榮耀感。**比如，一個頗有學術才能的大學生，家境殷實，也經常能感覺到自己的學術能力帶來的良好感覺。他雖然不缺錢，但由於缺乏安全感，或者是出於自我保護的動機，沒有報考研究所，畢業後去了一家公司從事宣傳與行銷工作。卅年過去了，他雖然晉升為公司的高級主管，進入了中上階層，但經常為沒能實現自己的學術抱負而後悔，甚至覺得排得滿滿的事務性工作並不能帶來潛能的實現，自由的學術生活才是自己的真實需要。他為自己定了一個較低的目標——賺錢，這是一個非常有誘惑性的道路，可以導致即時的滿足，但是從更長遠的人生規劃來說，這個目標有些低了。而另一個學術天賦遠不如他的同學，雖然出身貧窮，但是因為高自尊而有了較高的學術抱負，最終成為學術領域的人才。本科畢業後報考碩士、博士，後來留校任教，卅年過去了，成了世界上有影

自尊100句：掌握心理健康的秘訣 · *85*

自戀的人，對他人看待自己不敏感；
受挫時，採取侮辱性反擊與報復，以責備與懲罰他人獲得內心解脫。

響力的專家。他不僅從事自己熱愛的專業，而且名利雙收，成就遠遠高於前一位。兩人不同的生活道路取決於人生目標的制定，而影響這個目標制定的恰恰是自尊水準。

當然，高自尊者也會遇到問題，原因在於往往設定一個過於冒險的目標，或是不分情況地制定過高的目標，偏好冒險，有時明明不可為卻偏要為之，這也是自尊的不靈活。生活環境是複雜的，個人是控制不了的，人勝不了天，能根據現實的環境制定一個適中的目標才是最為有利的。

其實，人類的進化過程毫不理會自尊問題，**大腦是為了生存而進化的，其主要功能是繁衍與尋找食物，而不是為了產生良好感覺和自尊**。做了好事或者交了朋友，人就會感覺良好，而做了錯事，人就會感覺不好。因此，無論自尊高低，只要走向極端都有其局限性。重要的是，我們要根據現實的環境，採取一個最有利於自我利益的策略，選擇一個當下環境中有效的目標，只要事情做成了，我們的基本需求滿足了，我們就會有好感覺，就會產生幸福感。

吃得了苦，卻享不了福

俗話說：「沒有吃不了的苦，只有享不了的福。」什麼叫作「享不了的福」呢？這句話的意思有多種。也許是指：在逆境中人們團結一心，共度難關，但是在順境中人們又會因為利益分配不均而爭吵。也可能是說：人們面臨壓力時會努力應對，鬥志昂揚，而問題解決了，面對平淡的生活，一些人反而覺得乏味，缺少了生命的意義。如同一個將軍，覺得戰爭年代的生命具有豐富的意義，而和平年代的生活顯得平淡無奇。

成功帶來壓力

從心理學的角度來說，這句話卻可以解釋低自尊的自我現象。如果一個人的自我概念或自我評價歪曲了真實的需要，自認為是一個沒有能力和不可愛的人，那麼當他成功時，雖然也會在情感上感覺輕鬆和高興，但是另一個方面，成功的結果可能被他解釋為帶有消極性的一面；或者說，由於缺少真正的自我瞭解，他反而會將成功當作負擔，造成不必要的壓力。

高而易變的自尊是脆弱的，高而穩定的自尊才是安全的；將心理本真性加上一般高自尊，就能找到心理幸福感。

比如，某一個低自尊的學生，一方面非常想當班幹部，選舉班幹部時非常緊張，很害怕落選，造成心跳加快、情緒波動；另一方面，由於他從沒有過當班級幹部的經歷，認為自己可能不是當班幹部的料，所以真正當選後，他可能會產生心理糾結，既為自己高興，又為自己擔心，會對自己的能力產生懷疑：「我是當班級幹部的料嗎？我能管理好班級嗎？萬一工作搞砸了被老師批評怎麼辦？萬一下次被換掉該怎麼辦？」他會帶著壓力來接受自己的成功結果。而一個相信和瞭解自己實力的高自尊者，就不易產生這樣的矛盾心態。他會努力爭取競選，當上以後便覺得「這真是太好了，自己真是眾望所歸、人心所向，大家如此信任我，我一定要把工作做好，不辜負大家的期望。我能當選班級幹部，顯然我是一個優秀的、有實力的人，我肯定能將工作做好」。可以說，他內心中主要是積極的情緒。

認知不平衡

根據自我一致性動機理論，每個人都會根據自我評價將現實發生的事情進行重新理解。低自尊者會認為發生的好事與他自卑的自我評價不一致，而發生不好的事情反而與他的自我評價一致；而高自尊者會覺得發生的好事與自我評價一致，而發生不好的事情與自我評價相反。因此，低自尊者對於好事也有一個適應的過程，甚至可能引起緊張和焦慮，因為平衡被打破了。比如，一個低自尊的學生，原來成績一直中等，他也覺得很適應，這與他不那麼積極的自我評價相吻合，而一旦他考了一次全班第一名，他的認知平衡被打破了，產生了認知失調。他可能會對自己說：「這次考了個第一，可能是矇上的，這下可出名了，太可怕了，要是期末考試自己考砸了怎麼辦？期末考試可是要全校大排名的！」他反而不如從前考中等時那樣幸福、寧靜，因為他的認知平衡被打破了。當然，雖然他這樣想，但考了第一也還是有自豪與高興的感受。

人們一般認為，生活中的好事會引起身體的好感覺，使身體更加健康，而生活中不好的事會妨礙身體健康。然而，某些研究卻發現，這個道理具有個體差異，不同的人對什麼是生活中的好事有不同的定義和理解，尤其是對於低自尊者來說，好事可能會產生相反的效應。布朗（J. D. Brown）等人做過一個研究，認為好事對健康的影響要通過自尊來起作用，好事可能會增加低自尊者的壓力，影響他們的健康，因為好事與他們的預期衝突，打亂了他們穩定的自我認同；而高自尊者則不會有這樣的問題，他們的自我評價與好事相符合。

自尊100句：掌握心理健康的秘訣．87

過於看重自尊、擔心被人瞧不起；

為了維護受傷的自尊，常想著報復擺平，往往引發瘋狂行為。

實驗者找女大學生受試者完成羅森伯格（M. Rosenberg）自尊測驗和標準生活事件量表，後者包含近期積極和消極的生活經驗。這些受試者完成了身體健康檢查，幾個月後再次進行身體檢查，以考查生活中的積極事件與自尊、身體健康的關係。實驗結果證明了當初的假設，在低自尊的女大學生身上，積極的生活事件使身體惡化了，她們報告的積極生活事件越多，她們的身體疾病也越多。但是，在高自尊的女大學生身上沒有出現這樣的結果，積極事件並沒有伴隨身體問題產生。隨後實驗者又調查了女大學生去醫院看病的情況，發現經歷了積極事件的低自尊者，去學校醫院看病的次數更多了，而高自尊的學生沒有出現這種情況。

這可能是因為，積極的事情不符合低自尊學生的自我評價，使她們陷入了自我混亂。然而，研究者又指出，也不能依實驗研究得出這樣的結論：即低自尊者更喜歡消極的結果，而不是積極的結果。她們並非尋求自虐，而是說，他們尋求對自我感覺和價值的證明。低自尊者深信自己無價值或少價值，所以會對積極的結果進行負面的調整與解釋，而積極的結果會讓他們產生雙重的情緒，一方面是高興，另一方面是焦慮與懷疑，這反映了他們自我提升動機和自我一致性動機的矛盾。

第八章・自尊與人際關係

自尊雖然是個體內在有關自我價值的感覺，但其來源於人際關係，留有早期人際交往的痕跡。自尊是早期親子關係的結果，它一經形成就具有穩定性，是一種調節人際關係的人格結構。總體上，低自尊者在戀愛和婚姻關係方面，或者只是在一般的人際關係中，都不像高自尊者那樣幸福和滿意，這可能是因為他們缺少安全感，不能充分肯定所愛的人的關懷和依戀，對於彼此的信任和依戀持有懷疑的態度，不敢冒險全身心投入到信任關係中。

過度防禦與無力信任

人際依戀與相處可以有效地提升一個人的自我感覺。一個被他人無條件地愛與接受的人，其自尊會穩定地提升，但是相互依戀與信任也面臨著被拒絕的風險。哲學家早就說過，愛一個人與恨一個人是相關的，愛受挫折後形成的恨是世界上最強烈的情感。親近的人對你的傷害比陌生人的傷害更大。

低自尊者的自我評價較低，**處處害怕被人冷落，防止被人拋棄、拒絕成為交往中的主要需求**，所以對他人的拒絕特別敏感。有一個女研究生，談了幾個男友均以分手告終，原因與其低自尊的人格有關：每次約會，只要男友遲到或因為臨時有急事而爽約，她就會焦慮，極度懷疑男友的真心，會想到是否還值得投入、是否應該冒險與對方交往下去。她會往壞想：「這種如此不把我放在心上的人，究竟可不可以依靠？現在就這樣把我不當回事，將來豈不變本加厲啊。」甚至會想到：「我可能是一個沒有魅力的人，一個不能讓人投入的女人。還是算了吧，誰也不能依靠，還是靠自己吧。」

而一個高自尊者遇到這樣的情形則不會這麼想，他不會從自我保護的角度想問題，而是傾向於認為，誰也免不了臨時有急事，誰都會有遲到的時候，現在塞車這麼嚴重，出發時間確實不好掌握。他會**把維護關係看得比維護個人的自尊更重要，能接受他人的不完美**，或從他人的不完美中看到自己的優勢，積極地看待朋友或戀愛關係。

低自尊者結婚後，配偶在他（她）眼中就會貶值。低自尊者會出於不瞭解或恐懼而對陌生人敬而遠之，但隨著瞭解的深入，他們不再恐懼而是回到內心真實的表達，就會傾向於看到親密伴侶的缺點，從消極的角度來看待對方。比如，他無視妻子長相不錯，而是抱怨妻子不會做家務，事業上也不能幫助自

自尊100句：掌握心理健康的秘訣 ·*88*

自尊是社會地位與人際等級的主觀表達，決定著我們的命運與生活，也構成人生追求的終極目標。

己，只知道享樂；孩子讀書成績很好，不太出去玩，他也會抱怨孩子就知道讀書，也不知該出去鍛練身體，萬一將來身體不好怎麼辦；自己的房子明明不比別人的小，但就是覺得自己的房子太小，東西放不下，亂得好像一個倉庫。

高自尊者則剛好相反，經常從積極的方面看待他人和這個世界，對於陌生人的看法較為客觀，對於身邊人的看法特別積極，和他們結婚的人就會「增值」。比如，妻子雖然長得不太好看，但丈夫覺得她性格好、待人好，人也聰明；兒子好動他也不焦慮，看著兒子在沙發上跳還能笑著說「看我兒子精力多充沛啊，像我小時候一樣，充滿了青春的活力」；自己的房子雖然不大，但他認為這是天下最好的家，他熱愛這個家，把家裡打掃得幹乾淨淨的，認為自己的家寬敞又明亮。

同樣面對客觀的人和環境，低自尊者和高自尊者具有不同的心理帳戶：低自尊者總覺得自己的錢不多，什麼都缺少；而高自尊者則容易滿足，覺得自己很富有。低自尊所引起的消極感覺產生了迴避的行為動機，使人的認知變窄，對中性或模糊的情境採取消極的解釋。

交往模式的形成

人們在以往的經驗中學會了與人交往的模式，這個模式會影響以後的交往過程。這種人際關係模式包括一些普遍的人際經驗，比如「我是弱小的，我經常被權威批評」或「我的父母無條件地接納和愛我，無論我做了什麼，他們都是愛我的」。**這種模式以記憶的方式存在，是相對穩定的，能調節以後的人際關係。**這個「自我—他人」關係模式對以後的人際經驗具有過濾作用，指引人們對資訊注意的偏好，影響人們的經驗知覺以及對模糊訊息的處理，提供人們正確或錯誤的價值觀，使人們用不充分的資訊來填補空白。總之，不知不覺地決定與組成了以後的交往過程。

在低自尊者看來，這種看待他人的表徵以超我*的概念出現，有評價、批評甚至攻擊自我的作用。後來，溫尼科特（D. W. Winnicott）指出，世上沒有獨立於親子關係之外的嬰兒。沙利文（C. Sullivan）則提出早期的親子關係形

*「超我」是佛洛伊德的概念，佛洛伊德提出了「三我」人格結構，一是本我，指本能衝動；二是超我，表示道德的我或理想的我；三是自我，指根據環境現實的要求調節本能與道德的衝突。

自尊100句：掌握心理健康的秘訣 · *89*

自尊遊戲若起於挑釁，發展往往超出預期，不知不覺走向毀滅；高智商也可能因低自尊做出損人不利己的愚行。

成了「我—你」模式，這種建立在缺少愛和權威家庭養育方式基礎上的交往期望模式，形成了不安全感與焦慮感。

鮑德溫（J. M. Baidwin）等人主要研究不安全感，尤其是不安全感與低自尊的關係。如果兒童在不安全的家庭環境中成長，經常被父母責罵和批評，缺少父母真誠的愛和關心，就會形成低自尊，認為自己是無價值的、不合時宜的失敗者，而其他人則是有權力的、愛否定的批評者。

這種對自我和他人關係的記憶被整合為一個人際關係模式，是典型的我—你人際交往的風格。如果我不好，而你是一個批評者，那麼我無權、你有權。

人際關係模式包括一系列「如果……那麼……」的期望。比如，「如果我表現不好，那麼他會批評我」。這種模式中的「如果……那麼……」不僅影響一個人在交往中所處的角色與地位，比如**低自尊者經常把自己置於無權和卑微的地位，而且也形成了交往過程中內在的推理、想法、目標和感覺**，即表現為內在的思想和感覺的運作方式。這種模式使人想像交往對象的意義，並預見結果，就像實驗室中的小白鼠形成了條件反射一樣。一個壓槓桿取食的小白鼠會預見到可欲求的結果，牠學會了一種行為方式，這可能是唯一的。人類也是如此，早期的經驗教會人們對來自他人的接受或統治進行預期，並選擇自己的反應，是焦慮迴避還是主動接近。

研究顯示，高、低自尊的感覺會影響人們在交往過程中的情緒反應。一個在成長過程中具有安全感的人，能肯定自己的社會位置，具有掌控感，失敗後傾向於認為「別人會對我很友好，會接納我的反應」。而低自尊者如果在一項任務上失敗了，就傾向於認為「我失敗了，他人會拒絕我」、「我失敗了，別人會貶低我、看不起我」，失敗加重了低自尊者不好的感覺，從而形成惡性循環。

交往模式的負面影響

低自尊作為一種指引人際交往的認知模式，一經形成，就會充當過濾器，使一個人的交往模式固定化，為其注入特殊的內容。

自尊100句：掌握心理健康的秘訣 · *90*

自尊遊戲從反對他人的邏輯與感情出發，
是一種扭曲，是解釋冷漠、疏離的全部奧秘。

1. 影響人對周圍環境的注意力。想像你走在大街上或開會時，你的注意力不斷地用於對拒絕的反應，你對其他人討厭你十分警覺，你的注意力就很難從這些警覺中抽離出來去注意其他的目標和活動，這就是不安全感。

注意力過程包括注意力轉移、集中與不集中。如果某人的注意力都集中於覺知環境中的拒絕因素，就會引起過多的警覺，不能注意交往對象和內容，而只注意自身的表現或安全性，這可能導致社交焦慮、社會恐懼障礙和憂鬱症。

鮑德溫等人研究了低自尊者對與拒絕有關的資訊是否更敏感，實驗者在電腦螢幕上快速閃現與「拒絕」有關的詞語，比如「不接受、敵意、不滿」等，或中性的詞語，比如「風光、電影、小草」等，結果顯示，低自尊者對於拒絕的詞語更敏感，更傾向於認為拒絕是危險的訊號，所以比對中性或接受的詞語反應時間更長。

相比起微笑的人臉，低自尊者對皺眉的臉孔會優先反應。也就是說，在加工資訊的初期，他們更容易注意到他人可能拒絕的資訊。

2.對可能的傷害更加敏感。在某些情境下，不安全的、低自尊的個體對於消極的人際資訊具有特殊的敏感度，這可能是由於過去交往的失敗，或者信任他人導致自我受了傷害，於是增加了對於拒絕、被拋棄或其他可怕結果的期望或預期，他們總是戴著黑色眼鏡看待別人。

鮑德溫等人為受試者在電腦螢幕上顯示不完整的句子，常與自我可能受的傷害有關。比如「如果我信任我的交往對象，我的交往對象將會……」然後快速顯示與關心或傷害有關的詞語，或表達關心、傷害等情緒的有關圖片。低自尊者在讀到上述句子或看到有關圖片後，更快速地確認了「傷害」一詞或與傷害有關的圖片。在他們看來，如果自己完全信任對象，就會自動產生被傷害的想法，所以更多地以消極態度對待交往對象，優先考慮保護自己不受傷害。

這就可以解釋為什麼低自尊者經常迴避與人結成信任、親密的關係，為什麼他們沒有特別交心的朋友，為什麼他們總是感覺孤獨或是經常一個人散步，因為他們在內心深處不敢把自己的真心交出去，他們的推理可能是：「我是一個無價值的人，如果別人真的完全瞭解或認識了我，一定會覺得我很乏味，不值得交往。」

自尊100句：掌握心理健康的秘訣 · *91*

自尊已不再與生存有關，只是一種精神需要，不是基本必要；過於看重，是非理性的。

這也可能是由於在他們童年時期父母沒有給他們真誠的、無條件的愛，使他們缺少親密聯結的紐帶感，所以對這種人際親密感到不舒服、不適應，害怕過於親密。

3.有條件的社會接納。人本主義心理學家羅傑斯（C. R. Rogers）認為，低自尊者的不安全感導致他們認為，來自他人的社會接納是有條件的，建立在成功或外表可愛等基礎上，這意味著自身任何失敗的訊號都會引起他人拒絕或批評自己，打擊了人們的歸屬感與依戀的需要。

為了證明這一點，鮑德溫等人研究了成功與接納、失敗與拒絕的關係。首先為受試者在電腦螢幕上顯現表示成功或失敗的詞語，然後由他們判斷包含社會後果的詞語或圖片，比如拒絕、接納等。結果低自尊者表現出有條件接納的模式，在讀到失敗的詞語後，他們的反應更快。這種有條件的接納自我，也能解釋為什麼不安全的低自尊者自我感覺不穩定，因為「成功」提供了暫時被他人接納的感覺，而小的「失敗」又啟動了被拒絕和被排斥的感覺。

4.拒絕敏感度。人與人交往的過程充滿風險，你幫助別人的同時，也會有求於人。有研究發現，低自尊者更擔心自己丟面子和他人是否接受自己，因此對於被拒絕有更高的敏感度。

這種高拒絕敏感度誇大了別人拒絕的可能性，放大了他人的不友好，主觀感覺明顯不符合客觀事實。有一項研究是在電腦螢幕上顯示有關拒絕的詞語後緊接著出現一個人臉，人臉的有些表情是敵意的，有些是中性的，有些是善意的。結果發現，有高拒絕敏感度的女性在認知了表示拒絕的詞語後，對具有敵意的人臉的反應更快了，這顯示她們將拒絕與敵意自動聯結了。而在低拒絕敏感度的女性身上沒有出現這種現象，顯示她們更有能力接受拒絕。

有關戀人日記的研究發現，前一天的拒絕會引起第二天的敵意。在解決衝突時，有高拒絕敏感度的人表現出更多的消極反應和敵意，而低拒絕敏感度的人在衝突時不會產生被拒絕感。在衝突發生後，高拒絕敏感度的人認為他們的愛人不可接受，表現出行為的退縮和更多的不滿意。

對拒絕的敏感度還可以使人們為了不被拒絕而放棄本真的自我需要，有需要時不能伸出求助之手，為了維護面子而失去自主性。

自尊100句：掌握心理健康的秘訣 · *92*

為什麼需要自尊和為什麼使用自尊，
比模仿取得高自尊的好感覺來得重要。

這也給了我們矯正拒絕敏感度的啟發：不要對中性的、模糊的訊息做出消極的解釋，要信任對方；另外，被拒絕後要及時進行自我調節，比如改變自己的消極認知等。

改變認知提升自尊

既然自尊與人際交往有關，那麼改變人際交往的意義能否改善自尊水準呢？有關這個方面的研究已有令人鼓舞的結果。

我們知道改變一個人的自尊是非常困難的，直接提升自我感覺通常是無效的，在學校裡開展自尊教育，比如讓學生每天都對著鏡子說「我很可愛」、「我是最棒的」，並沒有得到預期的效果，因為它忽視了自尊的社會交往起源。

鮑德溫等人嘗試通過改變人際關係的感知來改變自尊。實驗任務是要一組大學生受試者**想像一個無條件支持自己的朋友，無論自己做了什麼，他都會接納自己**；另外一組想像一個苛刻地評價自己的人，或一個權威，他們會根據自己的能力和才能來評價自己。然後，讓兩組受試者從事一項十分困難的任務，任務完成後再進行自我評價。結果發現第二組想像了有條件接納自己的人，在經歷失敗後感覺更差勁，往往將失敗歸咎於自身的原因，傾向於從單一的錯誤中推導出整個自我都是不好的結論。而想像無條件支持自己的朋友的第一組受試者，失敗後對自己更加寬容，能夠接納自己的不足。

不安全的自我評價來自對他人的苛求與批評的預期，當有條件的接納關係模式在大腦中被啟動時，人們的自我評價就會反映類似低自尊或憂鬱症的認知過程，往往自責、以偏概全。如果安全的、無條件的接納關係模式啟動了，自我評價過程就會傾向於自我接納。人類的思想習慣不能脫離社會之錨，心靈基本上是一種人際關係的結構。

人們在行動之前會對行為有所預期，這個預期以「如果……那麼……」的形式形成陳述性知識，也就是說，一個人有能力預見到，他將以特殊的方式做出反應。**期望可使人們模擬交往發生的過程，導致行為的選擇和讀心術。**

鮑德溫等人用廿年的時間研究了人際關係模式如何無意識地啟動了「如

自尊100句：掌握心理健康的秘訣 · *93*

成功除了讓低自尊者感到高興外，也會激發自我保護與自我注意力，引起壓力和焦慮，對心理健康反有妨礙。

果……那麼……」的消極模式，使人優先關注被人拒絕和自我批評。那麼，通過改變交往模式的消極性，能否改變有害的認知過程呢？鮑德溫等人進行了有效的干預研究。

第一個研究是通過改變關係來改變做事的動機：人們如果出於他人要求和壓力而做事，就會產生被動的動機，那麼可以通過操控這種關係來改變做事的意義嗎？研究者找兩組受試者進行走迷宮活動，第一組接受控制性的指導，聽到有人對他們說「你這麼做是應當的，接下來你務必再來一次，這是我們期望你做的，要重複多次」，另外一組聽到的是不同的聲音，不帶有命令和評價。然後由他們報告走迷宮時的心情：第一組受試者更多地報告說，是為了控制原因而做事情，比如內心說「我沒有其他選擇，我只能這麼做」，也表現出更少的主動參與。第二組受試者則心情更加輕鬆，表示沒有壓力。

第二個研究是找受試者把自我與積極情感相聯繫，由他們報告自己的名字、生日和家鄉，然後將這些描述編成電腦的反應時間遊戲，每當有關自己的名字、生日或家鄉的詞語出現時，要儘快地點擊滑鼠。實驗者設計程式，讓有關自我的詞語與接納的資訊聯結起來，每次螢幕上出現有關個人的資訊時，就會跳出一個笑臉或接納的臉孔，而控制組的自我資訊則是與笑臉、皺眉或中性臉孔隨機地聯結和出現。然後進行內隱自尊測驗，結果顯示，實驗組的內隱自尊提升了，而且經過這樣的練習，這些低自尊者攻擊性的想法和感覺明顯變少了。

自尊100句：掌握心理健康的秘訣 · *94*

因成功結果而要求進一步成功，把人推向比較的惡性循環；
你不可能永遠領先，控制不了事情結果，只能改變動機與心態。

第九章・自尊與憂鬱症

憂鬱症是一種長時間持續的、令人異常沮喪的身心症狀，主要表現為興趣淡漠、被動消極、悲觀絕望，難以投入現實生活。憂鬱已經成為現代人最為嚴重的心理疾病，它的一項嚴重後果就是自殺。據統計，百分之七十以上的自殺者都伴有憂鬱症狀，所以憂鬱也引起了全社會的廣泛重視。

具體來說，一旦下述症狀持續兩周以上，就可被診斷為憂鬱症：

食慾減退或體重減輕

疲倦或嗜睡

對日常活動缺乏興趣或樂趣

精力減退

感覺到無價值

不能專心做事情

有想自殺的念頭

……

憂鬱症的診斷一般應由有經驗的醫生來做出，它又可分為若干次類型，也有嚴重程度之分。在有憂鬱情緒的人當中，極為嚴重的畢竟是少數，大多數為中度或輕度憂鬱。有不少中輕度的憂鬱症患者不需治療也能自我恢復。

在現代社會，憂鬱症是十分普遍的心理疾病，據統計，法國人的發病率是21％，美國人的發病率為19％，中國人較少，發病率為7％左右。有專家認為，中國人憂鬱症發病率統計資料偏低與人們的觀念有關，因為患者會因為好面子而不願就診，所以門診統計的發病率偏低。

有條件自尊和不穩定自尊

憂鬱的產生必須具備兩個基本條件：一是外在的消極生活事件，這些事件一般是指一個人失去了愛、成就、能力等自我價值的來源，比如伴侶的去世、戀愛關係的結束或事業的失敗等；二是內在的心理特質，經歷消極的生活事件只會使少部分人得到憂鬱症，而大部分人並不會得病。所以，內在的心理特質很重要，心理健康能使人免疫。

接納自己的不完美，告別刻板的自我評價，就能靈活看待自己；關注自己優點、發揮優勢，就能取得積極的心理作用。

特質是一個易感性因素，它影響著某一個消極事件帶來傷害的大小。比如，一個建材特質比較好的建築物，如果遭遇地震災害，就比較不容易坍塌。而低自尊正是影響消極事件所造成傷害的一種心理特質。

大量研究顯示，憂鬱症與低自尊的相關度非常高。布朗（J. D. Brwon）等人的研究發現，同樣面對一個消極生活事件的打擊，低自尊的女性產生憂鬱的可能性幾乎是高自尊女性的兩倍。也就是說，當消極生活事件發生時，低自尊者更容易憂鬱。

具體而言，自尊有兩方面的因素會引起憂鬱的發生。**第一個因素是有條件的自尊**：低自尊者的主要特點是為自尊設置了先決條件，他們不像健康的、穩定的高自尊者具有一般或更高水準以上的自我價值感，而是堅信只有自己達到了某一個成功的標準，或者得到了某人的喜愛才是有價值的。但這種成功的標準或者被愛的標準不僅是非常苛刻的、完美的、經常是不可能達到的，而且是唯一的、不可取代的。也就是說，他們除了獲得愛、關懷和成功之外，沒有其他的自我價值來源，包括娛樂、才藝、愛好或興趣等。比如，一個商人只有發大財的信念，相信只有賺大錢才是體面、幸福人生的唯一內容，他為了賺錢而犧牲了生活的樂趣，不顧親情、娛樂等其他方面需求的滿足。他還把賺錢的目標定得過高，一旦做生意賠了錢，他就會產生無價值感，沒有其他可替代的價值，他就有可能憂鬱。

比如，一位母親唯一的生活內容就是照顧女兒，幾乎把所有的愛和關心都給了女兒，對其他的事情毫無興趣，當她的女兒去外地上大學後，她就有可能患上憂鬱症。再比如，一個技術工人，把一生的精力都用於提高技術能力，最後當上了最高級工程師，得過無數的獎章，到六十歲時接到了人事部門的退休通知，就有可能得到憂鬱症。因為他的生命得以支撐的技能失去了價值，又沒有其他的成就來源。

有條件的價值主要有兩個內容：**一是有條件的人際定向，即過分依賴他人的接納、贊同和愛**；持有這種信念的人，如果受到了他人的排斥、失去了愛情或聯結，就容易產生被拋棄、孤獨、無人愛的絕望情緒；**二是有條件的成就定向，即過分依賴成就的結果獲得自我價值**；堅信只有達到了某一成就標準，只有成功地控制了環境、能力上達到了某種程度，生命才是有意義的。如果無法實現目標或標準，就會產生無能、內疚與自責，以及羞恥感與無價值感。當消

自尊100句：掌握心理健康的秘訣 · *96*

當你的想法、感受和行為反映了內心的真實感受，
自我評價就顯得多餘了。

極人際事件發生時，比如離婚、失戀、失去朋友，有條件的人際定向的人就容易憂鬱。而當與成就有關的消極事件發生時，比如退休、事業不順時，有條件成就定向的人就容易憂鬱。

自尊引起憂鬱的第二個因素是自尊的不穩定。自尊可分為穩定的自尊和不穩定的自尊，前者是指無論成功與失敗，個體都能對自己持有較為積極的看法；後者是自尊隨著時間而波動，其實是隨著成敗的結果而波動。所以，有條件的自尊與不穩定的自尊有關。有研究者用自尊的波動來預測憂鬱的產生。巴特勒（J.Bulter）等人對大學生進行了為期卅天的自尊測量，一是測量自尊的高低水準，二是測量自尊的易變性，即經歷消極事件或積極事件，一天後測量自尊水準的變化。研究發現，低自尊不能誘導憂鬱情緒，但是自尊的不穩定能誘發憂鬱情緒，即經歷消極事件後，易變自尊的學生比穩定自尊的學生更多地感覺到了憂鬱情緒。這顯示，在順境中感覺良好的人並不具有真正的高自尊，只有在逆境中感覺不太壞的人才是本真的高自尊者。

消極認知與憂鬱症

低自尊主要與憂鬱症的認知內容有關，憂鬱症患者在認知和自我評價方面與低自尊者十分相似。低自尊者的自卑、歸因方式、自我批評與自我懲罰等認知症狀，幾乎都是憂鬱症的表現。

以貝克（A. T. Beck）為代表的認知療法心理學家認為，憂鬱症可以從患者不健康的認知圖式或者認知結構加以解釋，因為錯誤的認知結構主導了病人的心理世界，使他們歪曲地看待自身和世界，主要是以否定的、消極的立場來看待自我、自身的經驗和未來。在建構自己對世界的理解時，他們將消極的內容系統地投入其中，好像戴著黑色的眼鏡來看待這個世界。世界上的一切，包括他們自身都是黑色的，都是沒有前途的、死氣沉沉的。在看待自我、世界和未來的時候，他們使用一種穩定的、否定性的圖示，這種自我歪曲和消極的認知圖式正是導致憂鬱的認知各方面的原因：

第一，以偏概全。憂鬱症患者缺少一般的自我價值感，和低自尊者一樣把人生的全部價值建立於某一特殊的重要領域，像賭徒一樣孤注一擲。無論是過

與其說自尊決定了一個人的想法、情緒或行為，
不如說環境、行為與想法決定了自尊。

於重視愛情還是過於重視職業成就，如果在這個領域經歷失敗，就會傾向於認為自己整個人都是失敗的。他們在具體領域的失敗常常被冠以全方位的消極的自我評價，常常用「所有」、「一切」、「全部」等詞語來表達。

第二，憂鬱症患者會嚴重自我貶低和自我否定，與低自尊者的思維方式一樣，甚至更加嚴重。他們認為自己醜陋、沒有人喜歡、懶惰、不可救藥、毫無價值，簡直一無是處。正常人有時也會產生自責情緒，認為自己不夠好，但這種自責不像憂鬱症患者那樣是全面、長期和徹底的。憂鬱症患者具有攻擊性的自我貶低，不是就某一件事情的成敗進行評價，而幾乎是以毀滅自我和消滅自我的方式進行精神自殘。

第三，悲觀與絕望。把這種消極評價在時間上投向未來，患者認為自己將來的行為也必然會失敗，無論如何努力，結果都只能有一個——失敗。所以，他不從事任何積極的建設性活動，彷彿已經看見了悲慘的結局。他把未來透支了，而且是消極地透支，像一個預言家，已經知道未來毫無意義，所以憂鬱症患者沒有時間展望，他們失去了人類基本的憧憬能力，而且不易被說服。

第四，在歸因方式上，憂鬱症患者與低自尊者是一樣的。他們**把失敗歸因於自我的內在原因**，比如能力和努力不夠，把失敗看作是永久的，而不是暫時的。

第五，在記憶和注意力上出現偏差，容易記住生活中不好的事情，注意力優先對生活中的消極面有反應，尤其是看待自己時，會首先注意到缺點。

第六，有強烈的自我意識。憂鬱症患者和低自尊者一樣，經常有意無意地自我反省、自我分析並自我評價，對自我的關注甚於對外在事物的關注。

第七，這些消極的想法主要不是針對別人，只是針對自我的，而且是自動的、不受意識控制的。

貝克等人創立的認知療法傾向於從治療的角度，把錯誤的信念或認知當作憂鬱的原因，並把改變消極認知當作治療憂鬱症的突破口，認為只要矯正這些錯誤的認知圖式，就可緩解憂鬱症。在他們看來，在憂鬱症的「認知—情緒—認知」之間會形成惡性循環，消極的自我評價導致消極的情緒與行為，消極的

自尊100句：掌握心理健康的秘訣 · *98*

把自尊當作追求目標，像一個人上錯了車，車愈加速，
離真正想要的人生愈遠。

情緒與行為反過來又加重消極的自我評價。貝克的認知療法在治療憂鬱症方面獲得了不錯的療效，但是這個理論過於簡單了，在某些方面，並不符合有關自尊的研究結論。

低自尊並非憂鬱症的病因

低自尊並不是憂鬱症的發病原因，雖然憂鬱症患者往往有低自尊的表現。

憂鬱症的發病原因非常複雜，憂鬱與生物遺傳和環境影響均有密切關係，比如在對雙胞胎的研究已發現，遺傳因素是憂鬱產生的一個主要原因。科學家也鎖定了憂鬱的基因：美國耶魯大學的研究團隊發現MKP-1（絲裂原活化蛋白激酶磷酸酶）的基因缺陷是造成憂鬱症的重要原因。在環境的誘發下，遺傳基因引起了大腦的變化。有研究發現，憂鬱症可能與大腦神經突觸間隙神經傳導物質5—羥色胺和去甲腎上腺素（NE）的濃度下降有關；也有研究指出，具有憂鬱症遺傳特質的人，經歷連續或嚴重的失敗與挫折後，大腦中的血清素系統會產生功能失效，導致血清素水準下降，而血清素是製造多巴胺的原料，多巴胺水準不足，人就會患憂鬱症，可能就會有自殺的衝動。

此外，**低自尊也不是憂鬱症唯一和核心的症狀，憂鬱症主要是一種以心情低落為代表的綜合症狀。**

首先，在情緒方面，憂鬱表現為沮喪的狀態，對從前曾感到愉快的事物或活動不再感興趣，無法對幽默做出反應。其次，在動機方面，憂鬱的人往往表現出社交退縮和自殺意向，並避免人際交往。調查顯示，大約三分之二的憂鬱症患者表現出了社交退縮，比如不見陌生人、不願意出家門，也不願意見親朋好友。再次，在身體症狀方面，憂鬱症患者會表示無緣無故的疲倦，經常說頭痛、胃痛或其他部位疼痛，並經常出現睡眠障礙，不是睡不醒，就是失眠。此外，還有因食慾缺乏導致的體重下降，運動、言語和反應遲鈍等。最後，在認知方面，憂鬱表現為否定的自我評價、罪惡感和絕望。據調查，97%的憂鬱症患者表現出否定的自我評價，自責或罪惡感也很普遍，傾向於責備自己，把行為的過錯歸咎於自己。同時，憂鬱的人還對未來抱有一種悲觀、絕望的態度，認為自己毫無前途，事情不會越來越好，只會越來越糟。這種悲觀、絕望情緒是十分危險的，自殺行為通常與此有關。

自尊100句：掌握心理健康的秘訣 · *99*

過度自我保護與自我評價，常將注意力拉回己身，
會妨礙與他人建立真誠、友善的關係，妨礙解決現實問題。

雖然憂鬱的人通常都抱有低自尊的自我信念，但是低自尊的信念並不是導致憂鬱症的原因。低自尊只是誘發憂鬱症的原因之一，而不是決定性的因素。正如抽煙是肺癌發病的原因之一，但不是肺癌發病的決定因素一樣。因果關係是一種先後必然性，而相關只是說兩種因素之間有一定的聯繫，一方的變化會與另一方的變化有關，但這種聯繫的原因也可能是由兩者之外的因素決定的。

大多數低自尊者忍受著缺乏自信、無權力感和自我價值感的折磨，卻並沒有得到憂鬱症。他們仍能正常地生活，儘管快樂較少，但是工作也富有成效，家庭也能正常維繫，他們當中的一些人甚至一直努力探索人生哲學或者心理健康的知識，試圖深入瞭解自我，戰勝低自尊，他們在通往心靈幸福的道路上努力前行，生命並不缺乏意義。

另一方面，**絕大多數憂鬱症患者，尤其是不太嚴重的病人，也持有一些有關自我的積極想法，甚至在重要的領域對自己的評價也不低。**有時，他們在認知上明確知道自己是一個富有的人、一個有才華的人、一個出色的音樂家、一個作品廣受歡迎的作家，可就是覺得人生灰暗、心灰意冷。比如藝人張國榮、作家三毛或億萬富翁魏東，他們不是看不清自己的長處和價值，可偏偏感覺自己糟糕、快樂不起來，甚至痛不欲生，最終選擇了自殺。憂鬱症之所以發病，除了與低自尊的信念有關之外，還與大腦神經傳導物質的紊亂、血清素系統的失調和多巴胺的缺乏有關，這是一種複雜的心腦系統疾病。

低自尊與憂鬱症兩者的關係如**圖9-1**，可以看作具有重合性的兩個獨立的圓圈。

憂鬱與低自尊往往是相互影響的：**一方面，低自尊的表現常常影響或加重憂鬱的症狀**。由於持有低自尊的信念，一個人會更加不快樂、心情更加不好。**另一方面，憂鬱的情緒和狀態也會導致低自尊的信念，**使一個人更加容易產生有關自我的消極聯想、反省自己的缺點與失敗，從而引起自責或自我批評的念頭。

低落的情緒總要找一個貌似合理的想法來包裝自己，

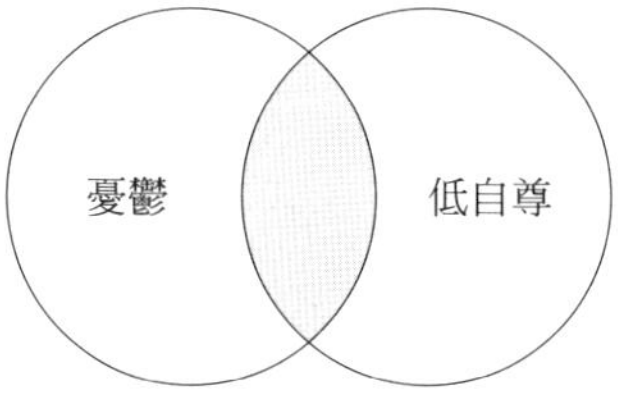

圖9-1　憂鬱與低自尊的關係

自尊100句：掌握心理健康的秘訣 · *100*

把提升自尊變成實現潛能，把感覺榮譽變成個人愛好，
把追求外在目標變成滿足內在價值，心裡就健康了。

用一個想法來呈現在意識中，而低自尊正好能派上用場。其實，我們不難發現，生活中也有人原本不那麼低自尊，卻在患了憂鬱症後變得低自尊了，而且行為也變得退縮了，不願意見人，躲在家裡進行消極的心理反芻。

也有研究證明，**消極認知並不是憂鬱症發生的原因，反而有可能是憂鬱症導致了消極認知**。如果消極認知是憂鬱的原因，它應當發生於憂鬱之前，等憂鬱好了之後，它仍然存在。但有研究發現，一旦憂鬱症狀消失，憂鬱症與消極認知量表上的得分便不再呈明顯相關了。或許可以就此推論，功能失調的信念可能只是伴隨憂鬱存在的一種症狀，而不是憂鬱產生的真正原因。消極認知傾向也許會出現在憂鬱的狀態之中，但這並不意味著，憂鬱個體本身必然具有某種持續的、穩定的認知層面的消極特質。無獨有偶，有人考察了大學生的歸因傾向與考試失敗之後憂鬱情緒變化的關係，結果發現，歸因傾向與憂鬱情緒變化之間相關度不高，而獲知考試失敗後的即時歸因與憂鬱情緒變化之間卻明顯相關。這一結果提供了另外一種解釋，與其說悲觀歸因傾向導致憂鬱，不如說憂鬱中的消極情緒損害了認知，從而形成了歸因偏差。

雖然消極也可以積極

傳統上有關憂鬱的認知理論所關注的核心在於個體認知的消極傾向，其內容建構與價值導向本身就存在著「疾病傾向」。直至廿世紀末，積極心理學應運而生，重新喚起心理學對人類幸福生活與積極品質的關注，在承認心理疾病中消極認知因素的同時，也將目光聚焦於積極的心理因素和心理健康的培養上，旨在促進個人、群體和整個社會的發展完善及自我實現。

消除與激發並行

積極心理學認為，「減輕痛苦與增進幸福是兩個獨立的變數，完整的心理學應該既是減輕痛苦又是增進幸福的科學」。在看待憂鬱症患者等有心理疾病的個體時，不再單獨分析他們身上可能具有的問題、缺陷、偏差與消極認知，而是把自我作為一個複雜整體，積極與消極的因素完全可以共存於同一個體。積極心理學可使我們重新理解個體，並審視心理疾病。這種理論認為，個體天生具有獲得幸福的本能和不斷成長的潛力；即使是患有心理疾病的個體，也有積極的品質與能力，只是比起正常人，這些積極的品質與能力暫時受到了抑制。積極心理學並不否認心理疾病中消極變數的存在，而是主張擱置消極、發掘積極，「積極資源的缺乏獨立於消極因素的存在，同樣對心理疾病的產生發揮著作用」。消極地消除顯然並不能夠幫助人類真正擺脫痛苦、謀求幸福。

基於這一理念，積極心理學將憂鬱解釋為積極資源缺乏。積極的認知「偏差」、積極的情感體驗以及積極的意志行為共同構成積極資源，因此憂鬱產生的重要原因便是「積極」的缺乏。積極心理學家認為，「心理健康並不純粹是心理疾病等消極因素的免除，更意味著幸福體驗與積極機能的激發」；同時，積極的體驗與品質將成為「抵禦心理疾病最好的武器」。積極心理學的這一理念是對傳統觀點的積極補充，更為憂鬱的干預提供了嶄新思考方向。對於憂鬱（或其他心理疾病），我們不應只著眼於消除症狀和彌補缺陷，而應致力於激發個體的積極潛能，增強個體的抵禦力與適應力。

大量研究顯示，心理疾病中的消極因素與積極因素是相互獨立的，有各自不同的規律和動作方式。比如，過去人們一直認為樂觀和悲觀是截然相反的變數，一個人樂觀水準高，悲觀水準就低，反之亦然。然而，如果樂觀和悲觀是相反的，兩者之間的負相關應該很高，接近-1.0。可是對瑞典中年人的研究發現，樂觀和悲觀的相關係數只有–0.02，美國老年人樂觀和悲觀的相關係數為–0.27，中國的為–0.25。積極心理學家塞利格曼（M. Seligman）在二〇〇八年的一篇報告中提出，憂鬱與幸福的相關係數接近–0.35，這意味著二者並不完全抵觸，憂鬱的發生常與幸福的貧乏共存。這些都說明消極與積極是獨立的，可以共同存在，都有其適應意義。在真實的生活中，人是很複雜的。有些人總是充滿希望；有些人希望與絕望並存，而且希望與絕望常常相互更替，並不穩定；有些人則經常絕望，比如憂鬱症患者，他們屬於臨床常見群體。

整體自我與特定自我

臨床憂鬱症患者係指具有嚴重的憂鬱症狀，已經具有厭世傾向，失去了工作的能力，需要服藥甚至住院；還有一類人雖然符合憂鬱症的診斷標準，但是還沒有嚴重到失去基本的工作和生活能力，這裡所指的憂鬱群體通常是指後者，他們身上仍具有一些積極信念。

馬什（W. H. Marsh）提出的多面向、多層次自我模型，可以解釋為何憂鬱個體中存在積極自我評價的機制。每個人都有一個整體的自我評價，擁有關於「我是誰」的一般判斷，同時也存在著對自己在某一特定領域具體表現的評價。雖然整體自我與特定自我有著層級關係，但本質上它們彼此相對獨立；而且在特定自我中，不同面向的自我之間也是互相獨立的。具體而言，某一個體可能整體自我非常積極，而在特定自我的某些面向上相當消極；也可能整體自我異常消極，而在特定自我的某些面向上特別積極。

「自我作為一個複雜整體，積極與消極的因素完全可以共存於同一個體。」佩勒姆（B. Pelham）提出，在自我體系中，積極與消極的信念及情感是彼此獨立的。與積極成分相比，憂鬱的自我只是與消極成分有著更強的聯結；但是，憂鬱個體至少在自我概念的一個層面上具有相當積極的評價與體驗。肖豐也支持此觀點，他曾經找正常學生、輕微憂鬱學生和憂鬱病人分別判斷與自我有關的情感詞語，結果發現隨著受試者憂鬱程度的加深，消極內容的比例會增大，這顯示憂鬱確實與消極自我有著密切關係。但是值得注意的是，即使是憂鬱程度最深的受試者，對於自我的看法仍然含有與消極成分相當的積極成分。

由此可知，所有個體的自我體系都是由積極成分和消極成分共同構成的，因而簡單地給憂鬱個體與正常個體貼上「消極自我」與「積極自我」的標籤是不恰當的，研究者應深入自我機制的不同面向，並由此考查憂鬱個體與正常個體在各面向上的差異。

可利用的康復資源

佩勒姆等人還考查了憂鬱症患者是否也具有對自我的積極評價。他們測試了憂鬱症患者在特定領域的自我評價和一般性的自我評價，這裡的「特定領域」是指特殊才能的評價，比如「我是一個擅長音樂的人」、「我打籃球特別棒」，而一般性的自我評價是指較為抽象的自我評價，比如「我是一個受歡迎的人」、「我是一個得體的人」、「我是一個有能力的人」等。實驗把受試者分成四組，即不憂鬱、輕度憂鬱、中度憂鬱和嚴重憂鬱。該研究採用與周圍人相比的方法，即你認為與其他的人相比，你是不是一個得體的人、一個有吸引力的人。統計採用百分位，如果是50，意味著中位數，即你與周圍的一般人相比，你不好也不差。研究發現，在整體的自我評價上，不憂鬱的受試者比嚴重憂鬱的人得分高一些，成績為65，輕度憂鬱的人得到了56，中度憂鬱的人得分為46，而嚴重憂鬱的人只得了41。但在絕對值上，嚴重憂鬱者的自我評價也不算低，他們只是比認為自己不好也不壞的中位數（50）的人相對消極一些。但是，如果把特定領域的自我評價考慮在內，憂鬱的人一點也不自卑，不憂鬱的人得分為88、輕度憂鬱的人為85、中度憂鬱的人為80，而嚴重憂鬱的人為86。這顯示即使是嚴重憂鬱的人，也會在某一個或幾個特定領域認為自己是出色的。與正常人相比，他們在特定領域的自我肯定一點兒也不差，而且他們非常珍惜與重視自己在有限領域自我肯定的評價。這說明憂鬱的人至少在某一個領域具有積極的自我評價，瞭解這一點對於治療憂鬱症很重要，因為這種積極評價正是可以利用的康復資源。

周雅研究了高中生憂鬱受試者與正常受試者的整體自尊及其特定領域自我評價的差別，發現僅在同性同伴關係、異性同伴關係、情緒穩定性、數學技能、一般學業以及整體自尊等六個自我面向上，憂鬱學生的得分較低，自我評價不如正常學生。而在體能、外貌、親子關係、誠實、語文技能這五個自我面向的評價上，憂鬱學生與正常學生差異並不顯著。尤其值得注意的是，在誠實面向上，憂鬱受試者的平均得分甚至要比正常受試者高。這意味著，憂鬱個體在某些自我面向上能夠持有相當正面的自我評價，這種正面評價甚至有可能比正常個體更加積極（**見圖9-2**）。

找到成功的自我歸因

佩勒姆等人還研究了憂鬱者在最佳自我評價面向上的表現。我們知道，每個人都可能在至少一個方面對自己的能力或人格特質有著特別積極的評價。比如，一個在許多方面對自己不滿意的人，可能在數學心算上對自己持有非常積極的評價；一個經常認為自己一無是處的人，可能談及「誠實」品質時會對自己持有非常積極的看法。佩勒姆等人考查了憂鬱症患者在最佳自我評價面向上的歸因情況，發現憂鬱的人在許多方面會採取自責或不利於自我的歸因，即把失敗歸因於個人內在的、永久存在的和普遍存在的，而把成功歸因於暫時的、運氣好的、個別的。他們往往誇大

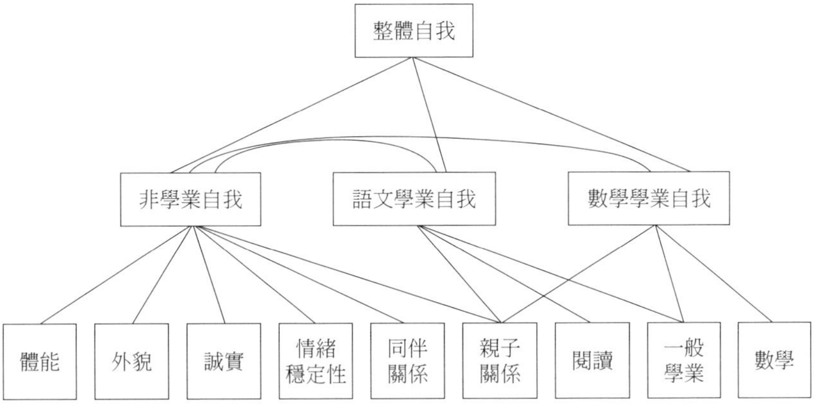

圖9-2　多面向、多層次自我模型

失敗，但是在最佳自我評價面向上，他們卻不會這樣。比如，一個憂鬱的人如果對於自己的智力持有堅定不移的、非常積極的看法，一旦解題成功了，就做出有利於自我提升的歸因，把成功歸因於自己的能力，並認為解題成功是可以持續出現的，在各項智力測驗中，自己都會得到好的成績。也就是說，在這個特定的自我評價上，他不會出現自我貶低的歸因。

還有人研究憂鬱症患者與正常人尋求他人評價的情況，前者比後者容更易尋求來自他人消極的回饋或評價。比如，憂鬱的人總是問戀人消極的問題：「為什麼你認為我在社交場合表現不好？為什麼你認為我是一個不用功的人？」但是，如果涉及憂鬱症患者的最佳自我評價面向，他們就會尋求來自他人肯定的評價或回饋；比如，如果他是一個有繪畫才能的人，就會問：「為什麼不在談到用功之前，先討論一下我的繪畫作品呢？」涉及特定的最佳自我領域，憂鬱的人與正常人一樣都主動尋求積極的回饋，願意聽到他人好評。這再一次顯示，憂鬱的人只是在一般的自我概念上評價較低，而在他的強項上，仍然有著積極的自我評價。

瞭解這一點對於憂鬱症患者的康復很有啟發性。為什麼有些憂鬱的人能夠自我康復？**為什麼有些憂鬱症患者身上的憂鬱情緒並沒有加重，而是在心靈經過洗禮後得到了緩解？這主要與個別領域的積極自我評價有關**。一項有關中等程度憂鬱症患者的研究發現，康復程度與在最佳領域的積極自我評價有關，患者越是能在某個領域具有積極的自我評價，康復的速度就越快。

貶低他人與現實主義

己所不欲，勿施於人。

——孔子

憂鬱的人和低自尊者一樣，為了維護有限的、脆弱的自我價值，經常採取向下比的社會比較策略：通過貶低他人而獲得情緒的收益，或者說**為了減少痛苦，通過有意地貶損他人來提升自我價值感**。佩勒姆等人的研究發現，正常人能夠客觀、準確地評價他人，他人也能相對客觀對評價他們。然而，這種對等性不適合於憂鬱的人。總體上講，憂鬱的人在各個方面對他人的評價較低，而他人對憂鬱的人評價則較高。比如，憂鬱的人經常抱怨別人待他如何不好、他人能力差、品行不好，而周圍的人則傾向於認為那個憂鬱的人是一個好人、一個有禮貌的人、一個誠實的人或有能力的人。憂鬱的人越是貶低別人，對自己的感覺就越好。佩勒姆等人發現，在最佳自我評價面向上，憂鬱的人對他人的貶低更加嚴重。

還有一個研究是由憂鬱的人和正常人分別與陌生人短暫接觸，並考查他們接觸陌生人前後的情緒變化。結果發現，無論是憂鬱的人還是正常人，在特殊的自我最佳評價面向上都存在貶低陌生人的現象，但是只有憂鬱的人通過這種貶低情緒受益了，也就是說，他們通過貶低別人獲得了幸福感。正常人貶低他人後情緒稍微變差了，而嚴重憂鬱的人貶低他人後，情緒變得非常高昂，感覺好極了。

與低自尊的研究一樣，這個研究也把憂鬱的心理病因再一次引向了人際比較。

憂鬱的人並不像人們想像中那樣消極，反而可能是一個善於從客觀現實的角度看待自己和世界的人。心理學家阿羅約（A. Arroyo）等人研究了有關憂鬱個體控制能力的自我評價，他們設計了如下的實驗程序：在有些條件下，受試者按電鈕可以控制燈變亮，而在另一些條件下，受試者按電鈕則與燈是否變亮完全無關，最後要求受試者判斷自己按電鈕的行為在多大程度上影響燈變亮。研究結果出人意料，憂鬱的受試者並未低估自己的控制能力，他們恰恰能夠客觀、正確地做出判斷；反倒是正常受試者總是高估自己的能力，表現出某種過分積極的認知偏差。自此之後，研究者不得不重新審視認知偏差這一概念：究竟是憂鬱者更消極，還是正常人太過積極？

後續的研究不斷顯示，憂鬱個體並不是絕對地消極，也不總是自我貶低，相反，他們經常會表現出自我讚美；在自我概念的某些方面，他們甚至會比正常人更積極地看待自己。在自我評價的任務上，憂鬱的受試者也許顯得要比正常受試者消極，但是憂鬱個體的這種判斷可能更加符合現實、更加客觀準確。基於這些證據，心理學家米歇爾（W. Mischel）創造了「憂鬱現實主義」（depressive realism）的概念，即憂鬱的人並不存在過分消極的認知偏差，他們只是對於自己的缺點與不足、對於現實的風險與損失具有更加清醒而深刻的認識。貝克認為：「情緒的痛苦與認知準確性之間也許是一種曲線的關係：不憂鬱的、心理健康的個體具有積極的認知傾向；輕度憂鬱的個體是『現實主義』

的，有著比較客觀的態度與信念；而那些極為嚴重的憂鬱症患者，應該還是存在消極認知偏差的。」

增加好心情，減少壞心情

有關憂鬱症與低自尊關係的研究發現，即使是憂鬱症患者也不像人們想像中那樣內心全都充斥著對自己的負面看法，整天自責、自我批評，而是偶爾也有好心情。根據積極心理學專家弗雷德里克森（B. Fredrickson）的研究，憂鬱症患者每天出現好心情和壞心情的比例接近1:1。一天下來，他們想壞事情的時間多一些，好心情與壞心情的比例大致上為0.8:1.2，如果通過服藥或心理治療治癒，則好心情與壞心情的比例可達到2:1，這也是一個普通人好心情與壞心情的大致比例。這顯示正常人在日常生活中也經常有壞心情或不好的想法，而憂鬱的人也有好的想法，只不過好心情比正常人少一些罷了。每個人的心理狀態都是複雜的，既有穩定的一面，也有變動的一面；每個人的心理活動中都包括正面的想法和負面的看法：一個人不是處於憂鬱症式的絕望和極度快樂兩個極端，而是經常處於這兩個點之間的中間狀態。因此，預防和治療憂鬱症的關鍵是讓患者學會增進積極心理，增強積極心理的力量。

需要產生積極錯覺

積極心理學認為憂鬱的成因在於積極認知的缺乏。這種積極認知顯現在正常人身上是一種認知上的「自我欺騙」傾向，心理學家稱之為「積極錯覺」。在現實生活中，正常人總是自我感覺良好，認為自己比別人更加聰明、更有魅力、人緣更好，甚至開車技術更好；認為自己更有可能經歷許多積極事件（例如婚姻美滿或是健康長壽），而不太可能經歷消極事件（例如罹患癌症或是發生意外）。

總結起來，正常人至少具有三個方面的「積極錯覺」：

一、**自我提升**，即不切實際地將積極特徵歸於自己身上，比如，認為事情的成功都是靠自己的努力和積極的品質推動的。二、**控制的幻想**，即傾向於高估自己對於環境以及結果的控制能力，面對不確定的事物時，首先想到的是自己有能力應付，相信自己的實力。三、**不現實的樂觀**，即對於自我以及未來抱有脫離現實的積極期待。賭徒在某種意義上是樂觀的，他們總是高估自己的運氣，相信命運之神會眷顧自己。低自尊者或憂鬱的人有一些賭徒氣質是必要的，能夠提升生命的活力。適度的積極錯覺能夠提供一種自我保護機制，對於心理健康大有裨益。

學會擁有積極情感

積極心理學家將幸福體驗解構為三種成分：1.**愉悅感**，包含三類積極情緒，即指向過去的積極情緒（滿足、坦蕩、自豪等）、指向未來的積極情緒（樂觀、希望、信念等），以及指向現在的積極情緒（此時此地的快樂體驗）；2.**參與感**，是指對一切生活事件的高度投入以及因此萌生的內心充盈的積極情感；3.**意義感**，是指將自己與外在世界建立聯結，精神自我得以延展昇華的積極情感。研究資料顯示，這三種細分的幸福體驗也與憂鬱有著密切關係，例如，塞利格曼（M. Seligman）等人報告，臨床憂鬱症患者的愉悅感、參與感與意義感水準均顯著低於不憂鬱群體與正常受試者。

積極心理學家認為積極情感貧乏與憂鬱之間很可能存在因果關係。這種解釋源於積極情感本身具有的擴展與建構（broaden-and-build）的適應功能。一般認為，消極情感通過緊縮個體即時的認知和行為系統，在危急狀況下幫助個體迅速組織應急資源，以免自身受到侵害。比如，一隻非常恐懼的貓見到人時，必須時刻盯住這個人的舉動，以判斷人是否會對牠造成傷害，如果發現此人走近，就轉身逃走。**積極情感能擴展個體即時的認知和行為系統，促使個體突破限制、開放經驗，進而建構起持久的心理資源，形成主觀幸福感**。有研究發現，在被誘導積極情緒後，人們的創造性思維、助人行為、幽默感和知覺的廣度都有所提升。積極心理學家相信，個體正是由於積極情感貧乏、無法建構起持續的發展資源，從而導致憂鬱。實驗研究證明，更多地經歷積極情感可以有效降低憂鬱症的發病風險。

學會能夠積極行動

積極心理學認為，積極情感可以借助某些行為或活動來主動誘發，憂鬱個體在積極情感上的缺乏意味著他們在這些「積極行動」上的缺乏。積極行動是各個生活領域中各種性質的活動，它可以是行為性的（例如有規律地鍛練身體），也可以是認知性的（例如經常感恩禱告），還可以是意志性的（例如為達成目標而努力奮鬥）。積極行動可以長時間地促進積極情感，尤為重要的是，由行動產生的積極情感，相比環境改善（例如彩票中獎）帶來的積極情感，可以更加長久地保持下去。中彩票過後不久，人們就會適應、淡忘它帶來的好感，但是積極鍛練或良好的行為習慣帶來的體驗可以持續地得到發展，使人終生受益。

第十章・自尊高低有好壞嗎？有預設條件嗎？

自尊作為一種有關自我是否有價值的感覺，主要有兩個作用：一、對內形成整合力和穩定性，使人應對混亂的環境時有一枚「定海神針」，從自我的核心感覺出發來決定行動；二、反映和調節人際關係。自尊的一個主要作用是向他人顯示自己是有交往價值的對象，是值得交往的。無論是低自尊者的謙卑還是高自尊者的自信，都是一種有利於人際交往的人格面具，使人際交往變得容易。低調能避免招致攻擊，成為眾矢之的；而高調則宣揚自己的重要性，讓別人喜歡與看重自己，把自己當作有價值的交往對象。無論自尊高低，都有其適應意義，都是有用的。

> 不以物喜，不以己悲。達則兼濟天下，窮則獨善其身。
>
> ——范仲淹

前面幾章闡述了低自尊的不利方面，然而，從功能上來說，低自尊也有其合理性，有其環境適應性，否則人類在進化中就會淘汰這個特質，它也不能作為人類的本能保存下來。同樣，高自尊也有其缺點，並非在所有場合下，高自尊都是有適應意義的。關鍵是要看自尊的來源和支持自尊的動機與意義是什麼。

高自尊的壞處

本書前面各章主要討論高、低自尊心理功能的差異，在許多方面，高自尊是有優勢的，而低自尊往往與憂鬱、焦慮、被動和心理衝突有關。

總體來說，高自尊的最大優點是能給人們帶來好感覺，能夠惠及他人的內容主要有如下幾方面：

1. **高自尊有助於提升幸福感**。高自尊與日常生活中積極、高昂的情緒有關，高自尊者通常比低自尊者具有更多的積極情緒、更多的生活滿足感，以及更少的焦慮、憂鬱情緒和絕望感，也就是說，高自尊者更加幸福。研究發現，高自尊與年齡、收入、教育和身體健康等因素一樣，與幸福指數呈正相關，高自尊與幸福感的相關係數為0.6，這是一個不低的相關。為什麼高自尊會與積極情緒有關呢？很可能是因為一個人自我感覺良好時，生活的滿意度會提高，這種好感覺也會投射到生活的各方面。

2. **高自尊有助於戰勝憂鬱與焦慮，使人對於失敗具有較高的承受力，使人**

能夠經受打擊。未來的生活往往具有不確定性，容易使人焦慮。高自尊者對於自我保持積極的觀念和評價，他們相信自己是聰明的、有能力的、有吸引力的、令人喜歡的，這些不一定客觀，但他們就是這樣看待自己的。這種自信有助於戰勝因未來不確定而導致的焦慮。

高自尊者也承認他們的過去有瑕疵，但是一般認為自己現在或最近的自我是積極的、有價值的，相信自己會越來越好，儘管周圍的人不一定這樣看。高自尊者相信，在許多方面他們都比別人好，而且相信在下一次的交往中，別人一定會對自己好。特別是在面對失敗時，高自尊者更加自信，也更具有心理韌性。

3.高自尊有利於人際關係。高自尊者更信任他人，願意從積極的角度看待他人，對拒絕不那麼敏感，也不容易嫉妒別人。

但是，相信自己有能力獲得幸福、有能力掌控外在世界，相信自己一定會受到他人的喜愛與接納，以及相信自我有價值，這與客觀上的利益實現、成功的結果和真實地受他人愛戴並不是同一回事。人們想當然爾認為，高自尊者一定會將這種自我感覺應驗或實現，在客觀的、真實的角度，他們一定比低自尊者更多地收穫生活的果實，會更成功、更富有、更能夠被他人所愛。但是，大量研究顯示，這種客觀的利益和成功的結果並不存在。最近的研究發現，高自尊者雖然感覺良好、主動進取，但是從客觀角度衡量，他們的學習成績、工作成績和領導力等，並不一定比低自尊者好。

> 自尊是一個矛盾的東西，需要它的人卻不擁有它，擁有它的人卻不需要它。
>
> ——德西和瑞恩

在西方文化中，普遍存在著對高自尊的迷思，人們往往誇大了高自尊對心理健康的促進作用。比如，美國加州政府曾資助過一個自尊教育專案，每年投入廿五萬美元用來提升兒童的自尊水準，其中的假設是，只要兒童自尊水準提升了，校園中的欺淩行為、犯罪、少女懷孕、學習成績落後等問題就能得到解決。於是學校開始普及自尊教育，訓練兒童每天對著鏡子說「我最棒」、「我是獨一無二的」、「大家都很喜歡我」、「我一定會比別人做得更好」……在中國，前些年也流行了所謂的賞識教育，其內容與自尊教育頗有相似之處，比如宣導父母和老師永遠對孩子說「你真棒」，試圖通過賞識教育，讓孩子變得自信、自愛、自強，培養孩子成為感覺良好的人。

近年來，心理學家開始質疑自尊教育，並懷疑高自尊的神奇功效。加州自尊教育專案的總結報告顯示，這是一次徹底的失敗，該研究小組期盼獲得的結果，一個都沒有實現。比如在欺凌行為方面，自尊的高低沒有任何區別，欺負別人的動機很複雜，可能是出於自卑，也可能是出於想要與眾不同的心理或表示自己的強壯，高低自尊的人都有可能欺負別人。還有不少研究發現，高自尊者在以下幾個方面存在不足與壞處：

1.高自尊者反擊性強，只要感覺受到了侮辱，便會立即對他人展開猛烈抨擊，而不是先檢討自己。比如，李天一的母親夢鴿可能是一個高自尊者，相信自己的能力和掌控感，面對兒子的所作所為，採取不承認、不道歉的態度。而一個低自尊者可能更容易承認自己的教育失敗，而採取正確的處理方式。在一項研究中，研究人員告訴大學生受試者，他們的智力測驗分數低於平均水準。結果發現，高自尊者會通過抨擊和貶低其他人，或通過抨擊測驗的公平性來獲得內心補償，而低自尊者會對他人表示恭維和羨慕。高自尊使人的自我情緒受益，但這有時以損害他人為代價；有時在自我受到威脅時不能兼顧別人的情緒和感受，顯得以自我為中心。

2. **高自尊者在自我受到威脅時，往往太執著**。比如面對明顯的失敗和不可能任務，他們仍然堅持不放棄，這種過分自信和冒險的傾向會導致重大的財產和精神損失。

3. **客觀上並不可愛**。高自尊者往往認為，自己是可愛的、吸引人的，並能夠與他人建立良好的關係，而實際上，來自他人的客觀評價卻有可能並不是這樣。比如，有一項研究是找大學生受試者評價自己的交往能力，包括與人建立友誼關係的能力、交談能力、解決衝突和提供情感支援的能力。結果高自尊的大學生十分肯定自己具有這樣的能力，但他們室友的回答卻顯示出他們的交往能力只是一般水準。另外，高自尊者對自己受他人喜歡的程度更自信，而低自尊者則認為他人不喜歡自己。然而來自他人的客觀評價，並沒有發現這種差異，而是顯示高、低自尊者受他人喜歡的程度是相當的。也就是說，高自尊並不必然與一個真正的好人相聯繫，而是與自認為「我是一個好人」相聯繫。

4.**自戀**。一個自戀的人很可能是高自尊者，只顧自己的感受，而缺少對周圍人態度的觀察與考慮。自戀的人大多數情況下是開心的，他們對自己的吸引力、能力和競爭力毫不懷疑，感覺自己與眾不同，應當受到優待。自戀的人通常在與別人交往之初給人留下深刻印象，表現得很有魅力，但是在人們瞭解他們之後，就會討厭他們，因為他們臉皮很厚，從來不肯顧及別人的需要。自戀的人發現利益受到侵犯後，就會表現出極強的攻擊性和憤怒感，不能以合作的方式解決衝突。

低自尊的優點

低自尊最大的缺點就是自我感覺無價值、不可愛，自我主觀上產生痛苦的感覺。但實際上，如果從更長遠甚至從心理進化的角度來看，低自尊所付出的心靈痛苦的代價，可能換來客觀的回報，反而會給人帶來一定的利益和好處。一個人如果經常保持低調的處事風格，就不會引起別人的注意，自然也不會被別人嫉妒與攻擊。低自尊者的謙虛風格，也容易被周圍的人喜歡與接納，人們會認為此人沒有威脅、不用設防，遇到困難時，說不定還更願意幫助他呢。

低調行事還有一項優點，就是不用承擔太多責任，表現出眾或者擔任領導意味著有權力，但也意味著要承擔更多的責任和風險。掌權者遇到重要的事情要做出重大決定，這個決定有可能生死攸關，必須有足夠的勇氣來擔當。高自尊者在掌握權力的同時也承受著更多的壓力，而低自尊者通過保持低調，當一個普通跟班或觀眾，避免了這樣的擔當。從進化上說，低自尊也有其適應性，可以確保安全甚至保命。保命永遠是人生的第一需要，而非進取與捕食。一隻饑腸轆轆的鬣狗沒有捕到獵物不會太沮喪，因為下次還有機會，但是如果生命受到威脅，牠會非常重視，因為安全永遠是第一位的需要，如果連命都沒有了，哪裡還用得著捕食呢？

1. **低自尊者雖然經常低估自己的掌控感，傾向於悲觀地看待自己和世界，但是面對危機重重的現實，這種想法卻具有自我保護功能。**萬一失敗了，就會覺得，我已經預料到了，因此會少一些失望與憤怒。既然失敗是有可能的，那失敗了就應當接受。在受到電擊而逃不出去的反應實驗中，樂觀、自信的狗反而不適應環境，它們憤怒地反抗、徒勞地撞擊牆壁，因為無效而更加生氣，結果極大地損害了健康，不是得了胃潰瘍，就是患有了心臟病；而很快放棄或者是學到無助的狗，一開始便輕易放棄了，被電擊之後選擇哀號而不是掙扎，它們的身體更加健康，最終活得更長。反抗與進取要分場合、看條件，人勝不了天，在失敗結果註定要發生的條件下，低自尊者更可能具有適應性。

2.低自尊者不一定低效。研究顯示，高、低自尊者在工作成效、學習成績、事業成功或收入方面並沒有太大差異，他們當中有成功者也有失敗者，其實自尊並不是影響做事結果的最為關鍵的因素，成功與否很有可能與智力、努力、運氣等因素有關。另外，自尊的影響層面非常複雜，自尊高低對學習成績、工作績效的影響不只具有積極或消極的一面。也就是說，我們不能認為自信一定有助於學習成績或工作績效的提升，高自尊必然有助於事業成功，而缺乏自信或低自尊一定妨礙成績或工作績效。

自我感覺良好可能具有令人心情好、熱情高、不怕困難的一面，在某些方面會提高做事的效率，但是在有些情況下，自視過高也會妨礙成功。比如面對一個複雜而困難的事情，過於自信的人可能準備不足，或者輕敵、麻木大意；面對一個重要的考試，一個自信的人認為自己絕對沒有問題，手到擒來，於是不認真複習，反而會失常。低自尊對事情結果的影響也很複雜，比如，面對一個重要的考試，缺乏自信的態度會使人焦慮不安，學習過程中伴隨著緊張與痛苦，可能妨礙創造性，造成心理負擔過重或者分心，但是，焦慮與緊張也可能使一個人非常重視這件事，投入大量的精力，精益求精，最終順利通過考試。

自尊是終點，不是起點

總體而言，高低自尊各有利弊，在某些環境下具有適應意義，另一些環境下則沒有適應意義。低自尊者通常懷疑自己的能力、擔心他人是否喜歡自己，這有助於他們整合他人的反應和意見，缺點是對於自己的目標不夠執著與信任，需要依賴他人的態度來確認自己的正確性。而高自尊者總是相信自己有能力，高估自己的智力、吸引力，這些積極的錯覺在某些環境中有助於自我提升。比如，一個高自尊者遇到適當的時機會主動要求老闆加薪，會維護自己的利益不受到侵犯，牢記自己的重要目標和需要。但高自尊有時也會聽不見別人的意見，難以發現自己身上的不足，不能從他人身上或環境中學到更多有益的教訓。

以上分析給我們的啟發是：有時不必糾結於主觀感覺的好壞，**這並不是生活的全部，也不能決定事情的結果與人生的未來**。好感覺可能僅僅是一種神經類型，或是某種人格類型，而壞感覺雖然妨礙幸福感、讓人痛苦，但是從生物進化上來說也有重要的適應意義。面對心靈痛苦，我們應當接受它、學會不理它，還要理解其背後的積極意義——讓我們更加努力地解決問題。對快樂情緒同樣不要過於相信和得意、受其影響而飄飄然，而是要瞭解到這只是一種自然的情緒，不一定有利於我們正在做的事情。

正如范仲淹所說：「不以物喜，不以己悲。達則兼濟天下，窮則獨善其身。」

高自尊本身並不壞，感覺自己有價值總比感覺自己無價值要好，相信自己的掌控感總比不相信要好，對自我的目標更加確信總比懷疑要好。但是自尊並不是決定一切幸福的唯一力量，更不是改變人生命運的萬能鑰匙。

其實，自尊像幸福感一樣，是心理活動的結果，是被其他力量決定的結果，也就是說，它更像是終點，而不是起點。目前測量自尊所採用的羅森伯格

（M. Rosenberg）自尊量表，只能測試人們一般的自尊，也就是說它只測量作為感覺結果的整體自尊，題目如「我感覺有許多優良品質」、「我對自己持有積極的態度」等，然後根據這些較為一般的態度把人分為高、低自尊兩個群體。

而大量研究顯示，高、低自尊的心理特點各有優缺，根據這樣的標準**把人簡單地分為高、低自尊者，不僅不能完全解釋和預測人類的行為，反而會引起混亂**。自尊作為一般的良好的自我感覺可能並不重要，更重要的是這種自我價值對於個人意味著什麼，只有明確自尊的來源及其對個體的實際影響，我們才能區分自尊是積極的還是消極的、是健康的還是不健康的。

有條件與無條件自尊

看來，我們要衡量自尊的價值與意義，除了使用高低水準的指標之外，還需要另外的標準，要根據其來源與基礎、其所產生的不同行為後果才能評價自己的好壞。美國著名心理學德西（E. L. Deci）和瑞恩（R. M. Ryan）從人類的動機理論出發，提出了心理健康上全新的自尊劃分標準，一是有條件的自尊

（contingent Self-Esteem），二是無條件的自尊（incontingent Self-Esteem）。二者來自不同的行為動機和心理基礎，對於行為具有不同的指向意義。其中，無條件的自尊又叫作本真的自尊或樂觀的自尊。

有條件的自尊是指自我的價值感建立在一個外在定義的標準上，比如一個人把自我評價放在滿足某些外在的目標上，超過別人、爭第一、讓人羨慕等；再比如，一個學生認為只有他的成績為全A才是有價值的或可愛的。有條件的自尊往往看中特定領域的成就，把達成某個目標看作自我價值的唯一來源。研究發現，自我價值的總體感覺越是依賴於特定領域的成功，人在失敗時就會越痛苦。

有條件的自尊是不穩定的、脆弱的，成功時你就興高采烈，失敗時你的情緒就會急轉直下。人這一生是複雜多變的，好運不可能總是降臨到你頭上，壞事也不可能總是伴隨你。生命的特點在於變動，它就像一條流動不息的河流，經常變化著。佛家所謂的無常是有道理的，幸福與幸運會過去，不幸與痛苦也會過去，你今天爭得了第一，下次就可能遭到淘汰。再偉大的運動員也會退休，再英明的政治家也會衰老。因此，把自我價值建立於特定領域的外在目標上常常是非常危險的，這意味著你的情緒必然會一直起伏不定，你會很痛苦，而這正是心理不健康的來源。

不止於此，由於有條件的自尊引起的波動會造成人的痛苦，為了減少痛苦，人們就會更努力地內化他人羨慕的目標，並為了維護脆弱的自尊而更努力地追求外在目標和榮譽。比如，買了三房一廳的房子不滿足，還要住別墅，住了別墅還不行，還要擁有一個莊園，終於有了莊園，又要一個農場。最終大農場還是不能滿足你，因為你總有一天會不知足。人們越是具有自我意識，越是容易聚焦於外在的生活方式上。

相比之下，**本真的或無條件的自尊指的是不根據外在的或某一特定領域的成績來定義自我價值，而是根據內心體驗到的**內在的、本真的、固有的價值感去設立目標，它出於內心的渴望，所以是無條件的。這種本真的自尊是穩定的，不會隨著成敗的結果而波動。當然，這裡不是要否定成功造成的積極體驗或失敗引起的消極體驗。總之，這種自我價值感是發自內心的追求，是一種本真的穩固的自尊，不會因為某一個特定領域、某一件事情的成敗而受到影響。

本真或樂觀的自尊的心理基礎在於個人整合性、自我認同性、自主性和本真性，所以不易受他人的影響，這也實現了外在目標的內化。

傳統的自尊測量只是測量自尊水準的高低，不能區分自尊的來源和功能，而一個有條件自尊的人，也會因為當時的外在目標實現了、處於自我滿意狀態而得了高分。但也許過不多久，遇到事情不如意，又會變得低自尊。而本真自尊的人或樂觀自尊的人則出於能感覺到值得愛與尊重而得高分，但這兩種自尊者取得高分的基本意涵和對人行為的影響是不同的。同樣是自尊得分高的人，本真或樂觀的高自尊者的自我價值感不是根據外在目標而確定的，而是發自內心或確定無疑的，所以並不關心和在意自己的自尊問題；相比之下，有條件自尊的人，無論自尊測量得分高低，都非常關注自尊的問題，他們渴望獲得自尊，擔心不能獲得自尊，追求獲得與擔心失去自尊成為調節行為的主要動機。其中，獲得自尊成為主要動力，他們把全部的力量都用在了追求令人羨慕和避免別人的批評上。

具有本真或樂觀自尊的人，由於有著內在固有的價值感，他們的目標和行動更傾向於反映內心本真的興趣和真實的價值，而不是他人的期望。儘管成敗也會影響情感和知覺，但是自我作為一個整體不會根據這些具體事物的成敗而得到評價。因此，我們可以**根據動機理論把人們分成兩類：一種是根據事件結果定義自我**，把自我價值置於外在目標上，比如外表長相、討人喜歡、財富和社會地位，從心理健康的角度來說，這種外在的目標與消極情緒有關，因為能否滿足這些外在標準會影響人們的整體自尊或整體自我價值感。一個物質主義者必須要賺更多的錢，一個社交名人必須要讓人們喜歡他。**另一種是內在價值引導者**，他們真誠地相信自己是有價值的、是可愛的，這並不是因為擁有了什麼或者實現了什麼，而是因為作為一個人活著本身就是有價值的、是可愛的，因為他們是一個個鮮活的生命才顯得可愛。

在現實生活中，每個人都要面對利益、榮譽、外表等外在目標構成的現實問題，人們不是生活在真空中，都在不同程度地追求物質利益，我們仍然可以根據人們的動機和追求目標加以區分。同樣是做事，有人出於充分的安全感，本能地受內在價值的引導。比如，同樣是從商，有的人以利益最大化為目的，有的人就不那麼貪婪、不那麼斤斤計較，根據自己的實際情況制訂規劃和目標，不與周圍的人較勁，有自己的定力，把內心的價值和信念看得比賺錢更重要。確切地說，他們用一個本真的信念和價值來統轄經商活動，不僅遵守基本的道德底線，其經商的過程也是在追求自我的樂趣和意義。而另一個人，出於不安全感和虛榮心而經商，時時處處想著打敗他人、自己成為人上人，有了錢就會購買名牌、名車、豪宅，常想向別人炫耀；而一旦生意不順利就自虐自棄。這樣的人情緒是不穩定的，隨著事情的結果而波動，今天生意好則自尊提升，明天生意差則自尊下降。如果面對的是比自己差的人，自尊心會增高，而面對一個比自己強的人，自尊心就大大下降。同樣是做事情，人的動機可以是虛榮的，也可以是雄心勃勃的。依此標準，或許可以將人們分成是虛榮和者雄心者。

虛榮者是有條件的自尊者，他們對做事的過程本身並不熱衷，對於事情的目標與意義並不看重，唯一重視的是別人的掌聲和歡呼聲，他們所付出的一切努力都是為了獲得榮譽，讓天下的人佩服、羡慕、熱愛他們，最高目標是讓所有的人都跪在腳下崇拜他們。日本作家塩野七生在所著的《羅馬人的故事》這套書中精闢地分析了這種現象。所謂虛榮心就是想到被別人認為優秀時感到喜悅的心情；而雄心者則是即使得不到大家的讚賞也執著於達成自己的目標。根據她的分析，**羅馬的法學家和演說家西塞羅是一個虛榮心遠大於雄心的人，所**

做的一切都是為博得人們的掌聲，而不是執著於自己的目標。另外，凱撒大帝則是一個雄心大於虛榮心的人，為了實現自己本真的抱負而做事情。

追求外在虛榮的人通常不僅在乎某一特定領域的名利，而且呈現一種整體上的動機偏差，即他們重視各種與外界標準有關事物的價值。比如這個人很有可能也愛錢，因為錢是與虛榮密切相關的；一個愛榮譽的人也會關注自己的外表，過分在乎其他人的意見。所以物質主義、討人喜歡、外表等這些外在目標都會成為有條件自尊者關注的項目，因為深信只有擁有美麗的外表、突出的成就和才智等，自己的價值才能得到證明。拼命獲得這些東西或品質，於是成為一個過度自我捲入的人，過度關注這些東西的得失，造成了壓力與緊張。

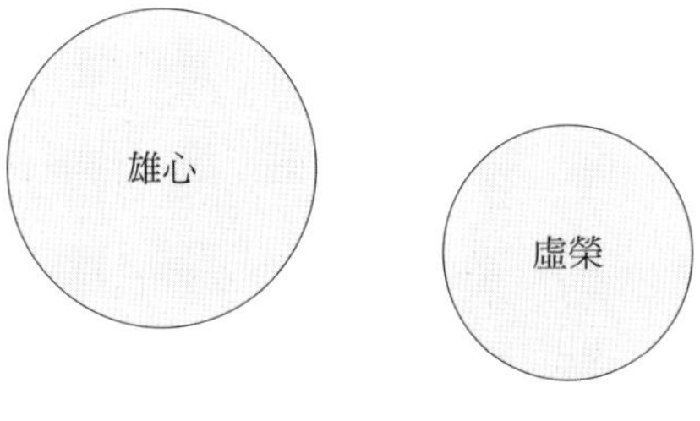

凱撒的動機模式

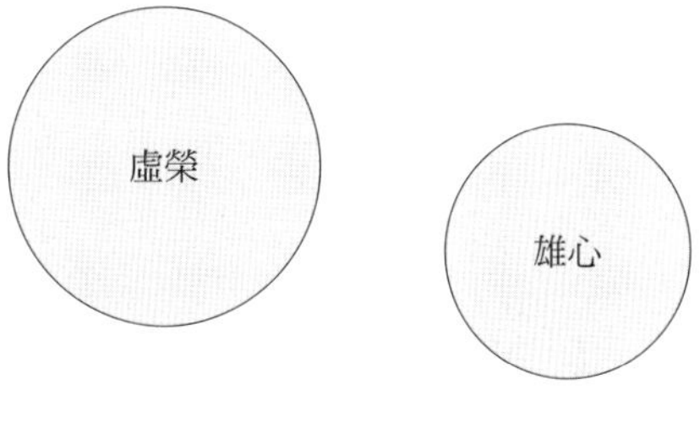

西塞羅的動機模式

家庭教育需要無條件的愛

有條件的自尊從哪裡起源，又是什麼力量塑造的呢？這主要與父母、老師和其他成年人的教育態度有關。成年人經常有意無意地傳遞著這樣的訊息：孩子只有在某個特定領域成功了、達到了一定的標準，才是可愛的、有價值的和值得尊重的；孩子只有表現出勇敢、智慧、運動才能和討人喜歡這些外在標準，才是可愛的。**這種天長日久的灌輸，會使孩子把大人的這些標準內化為自己的價值。孩子的價值反映了成年人的社會價值**，尤其是在成功者當道、社會等級分化的現代社會，這種過分看重外在價值的教育方式，成為許多家長和老師認同的天經地義的教育方式。孩子學會了把成年人外在強加的成功標準當作自己的標準，成長為一個只知道追求成功的人。

研究發現，具有不穩定自尊或有條件自尊的運動員更傾向於認為，從事運動的動機大多來自外部的力量，比如把教練或父母的態度內化了。有條件自尊的人傾向於認為，如果失敗了，父母就不再愛自己，只有成功了父母才會愛自己。又有研究指出，以有條件的愛來教育孩子的父母會說，他們的父母也是以這樣的方式對待自己的。

有條件自尊不僅由父母、老師強化，現代媒體也過分渲染了財富、美貌的力量，強化了有條件自尊這樣的理念。媒體經常宣傳富豪、明星的奢華生活，加重了人們的不安全感和社會比較心理，使人追求一夜暴富，並通過暴富來滿足虛榮心。

> 大愛無欲。
>
> ——古代格言

本真的自尊來自父母傳遞的無條件的關心和愛，即「大愛無欲」。父母對孩子的愛不能出於其成功與否，不是要達到自己的期望，而是出於孩子自身的興趣和利益，出於孩子是一個健康和鮮活的生命，這才能支持孩子的自主性，強化與他人的合作性。**感覺到無條件關懷和自主支持的孩子，具有一種穩定的、持續的自我價值感，不會因為環境的波動而產生大的情緒波動**，而會擁有安全感。他們不會關心個人的自尊問題，不會質疑「你到底愛不愛我」，他們具有內在的自我認同，有能力根據自己的真實喜好來選擇和決定自己的生涯之路。

有一個叫豆豆的小孩，在爺爺營造的無條件地呵護和愛的氛圍中長大，小學時就表現得勇敢、執著與自主，她非常喜歡植物學，對中醫如何能治病非常好奇，於是放學後來到醫院的中醫診室，問中醫師：「阿姨，我想學習中醫，我能每天都來看您如何給人看病嗎？」中醫師回答說：「好啊，我就喜歡好學的人，你以後可以天天來，我教你。」幾年過去了，豆豆上了初中，有一天她突然跟中醫師說：「阿姨，我跟您也學得差不多了，您能不能推薦一位更厲害的專家，我想再提高一個層次。」中醫師痛快地說：「好啊，我向你推薦我的研究所導師，中醫藥大學的老教授吧。」於是，豆豆又跟這位著名的老中醫學了幾年，高中畢業後順利地考上了中醫藥大學。現在，她每年寒暑假回家探親都要去探望她的中小學老師，並主動為他們診脈看病。豆豆在無條件的關懷下長大，具有自主性與愛，忠於內心的興趣，具有本真的、健康和樂觀的自尊。在她那裡，自尊根本不是問題。

也有追蹤研究發現，父母滿足了孩子的自主與愛的需要、無條件地愛孩子之後，孩子會具有較少的物質主義想法和更好的適應性，具有充分的內在安全感，心理更健康，情緒也更穩定。

自尊未必等於能力與抱負

美國心理學家詹姆斯（W. James）在一百年前思考自我問題時，提出了一個著名的自尊公式：

$$自尊=\frac{能力}{抱負}$$

根據詹姆斯的說法，**自尊首先與人的抱負有關，而抱負一般有兩層含義，第一層含義往往與你是一個什麼樣的人、與你的目標和追求有關**，自尊的獲得也與你在所倚重的價值領域取得的成就有關。

比如，你是一個足球運動員，你的聲望和才能、收入、生活方式都與足球有關，如果你在足球領域取得了突出的成就，超越了其他球員成為球星，你就會獲得自尊。但是，其他領域的成功無法讓你獲得自尊，比如你唱歌比一般人好就不會涉及自尊問題，短跑運動員獲得奧運冠軍帶來的自尊遠比參加一個綜藝節目時唱歌而獲得的好評更加強烈。對於筆者而言，某人在心理統計學或實驗心理學領域成就非凡，不會引起我的嫉妒；同樣，某一同事乒乓球打得很好，參加全國教職工比賽我也不會嫉妒。但是，如果某人心理諮商或積極心理學方面成就非凡，就會引起我的焦慮與嫉妒，因為我是從事這個領域的教學與研究實踐的，非常看重這個領域的成就。所以，根據詹姆斯的理論，一個人要想提升自尊，就要在他最為看重的領域取得成就、提高能力。

抱負的第二層含義是你制定的標準，也就是說自尊與你設立的標準有關。比如，你的期望和標準是在奧運會上得到獎牌，結果你得到了銅牌，你就會高興；如果得到超出預期的銀牌或金牌，你會更高興。如果你的標準是奪冠，但結果只得了銀牌，你就會失望，感到傷了自尊。這樣一來，我們可以理解為什麼奧運會頒獎典禮時，有時最鬱悶的不是銅牌獲得者，而是銀牌獲得者，這完全取決於期望值。

根據詹姆斯的公式，**抱負之外，影響自尊的第二個因素是能力，也可以叫作成就或成功**。如果一個人能力超群，獲得了成功的結果，其自尊也會獲得提升。所以，取得成就與成功或者降低抱負都可以通向自尊。為了實現自尊，你可以把事情做成，也可以放棄你的目標。

詹姆斯是實用主義哲學的創始人，晚年主要研究實用主義哲學，這個哲學流派影響了其後百年的成功學。我認為，詹姆斯的自尊公式仍然是成功導向的，本質上呈現了有條件自尊的思想。要想獲得自尊還是要取得成功，自尊是有條件的，什麼條件呢？即走向成功，只有成功了或把事情做成了，你才有好感覺，否則你就一文不值。至於降低抱負，詹姆斯並不是真心強調。

成功的資源和機會有限，我們並不能保證自己一定會成為出色的人，倒是平凡的人隨處可見。天生我材不必一定有大用，反而可能是有點小用。**難道我們不成功，就沒有價值了嗎，就不能感覺良好了嗎？**何況，成功不是永遠的，成功會過去，可能還要追求下一個成功。另外，人都有老的一天、退休的一天，總有一天會遠離成功與成就，難道那個時候就沒有自尊的可能嗎？退休的老人無用了，就與自尊無緣了嗎？

筆者支持無條件價值的觀點，即無論我們做了什麼、我們是什麼樣的人，只要我們活著，就應當有自己的價值。一個老人的價值可能在於打太極拳的活動中、在於夕陽下的散步中、在於顫顫巍巍去看病的途中、在於與癌症的搏鬥中，而不在於他是多麼優秀。只要他是一個鮮活的生命，**努力、專心做自己**

喜歡的事情，履行生命的義務，他就是有價值、有自尊的。自尊與成功、成就的實現或者降低成功的標準沒有必然聯繫，而與一個人內心的寧靜、熱愛、專注、投入、接納等心理過程有關。一個不成功的普通人，也完全有資格登上自尊的殿堂。

回歸本心

有條件的、**不健康的自尊之所以是脆弱的和不穩定的，主要是由於它是不真誠的，不能反映個體的真實需要和真實感覺**，而是外在灌輸或內化的。它的心理不健康主要出現在來源不可靠。這種所謂的自我好感覺不是發自內心的，而是被父母的教育灌輸的。它有以下四個特點：第一，這種自我的價值感是不穩定的，會隨時波動。第二，它建立在取得特殊的結果之上，所以並不穩定。第三，它往往不能代表一個人的真實意圖和價值，甚至與個體的真實需要相衝突。第四，這種脆弱的自尊導致一個人不能承認自己擁有的消極感覺，不能承認自己的不完美。

而樂觀的或健康的自尊具有相反的特點：第一，這種自尊是穩定的，不易波動。第二，它建立在心理需要滿足的基礎上。第三，它與一個人本真的感覺和價值相一致。第四，它對於自我缺點是開放的、接納的，而不是否認的、防禦的。

自尊的來源不同，其在個體生活中所起的作用也不同。有條件自尊的人，無論自尊水準高低，都把主要精力放在如何維護自己的完美形象和肯定自我上，生活的目標是努力掩飾自己的不足。比如同學聚會時，不是想著如何敘舊和重溫同學情誼，而是擔心老同學瞧不起自己，琢磨著如何穿得像樣、拿出手也像樣。生活的主要追求是如何不丟面子，以及如何防止自尊受到威脅。而健康或樂觀的自尊則驅使人們去努力滿足自己基本的心理需要，去提升能力、做自己喜愛的事情，去表達愛心，並接納不完美的自己。健康的自我好感覺化作迎接人生挑戰的自然而然的力量，他們自在地存在，過著自然而然的輕鬆生活，沒有維繫面子的緊張與努力，很真誠、實在，很安全、悠然。相比之下，有條件自尊的人在交際時或生活中始終小心翼翼，有著做作的自我感覺和自我意識，具有故意而為之的自我價值傾向，充滿了不安全感，當他們表達出這種自我價值和自我感覺時，也令人不舒服。

有心理學家認為，**心理本真性是導致兩種不同自尊的原因**。馬斯洛（A. H. Maslow）認為，心理本真性是指人們充分發現、探索和接受了自己的固有本性，實現了意義和價值的一種動力過程。羅傑斯（C. R. Rogers）則認為，本真性是指人們的自我概念和體驗到的經驗是一致的，當一個人實現了自己的價值和潛能時，本真性就會出現。它是指一個人與真實的自我核心接觸，心理機能得到了充分實現。哥德曼（A. Goldman）等人發現，當人們所做的事情真實反映了內心深處的需要時，他們的主觀心理幸福感會增加，而且能保持一個月之久。

心理本真性往往與安全感和穩定的、樂觀的高自尊有關。有研究發現，高自尊者更願意從事具有挑戰性的任務，能夠突破自我限制，更能實現自己的潛能。這種人從自己的需要出發來做決定，更加自主、主動和有主見，忠於自己的內心世界。他們意志堅定、目標明確、情緒穩定、不易焦慮和憂鬱，他們的目標更加指向個人的成長，而不是功利。他們以事物為中心，能夠體驗做事情本身的物我合一，注意力集中於外部事物，外向而熱情，經常充滿好奇心，他們不關注自我，缺少自我意識。

幸福感可以分為生活滿意度（life satisfaction）和心理幸福感（psychologicalwell-being），前者主要反映了積極的情緒，是享樂主義的價值；後者主要反映了心理功能和較佳的心理狀態，更多的是指做了正確的事情、實現了潛能和價值。有研究顯示，**一般的高自尊可以推導出生活滿意度，但是不能推導出心理幸福感**，只有將心理的本真性加上一般的高自尊才能推導出心理幸福感。這可以說明，單純的欲望滿足和虛榮雖然有助於積極的情緒、使人擁有好心情，但並不意味著發自內心的幸福，尤其是不能帶來持續的幸福。要想持續地幸福，還是要回到內心的精神世界，去實現自己的潛能和價值。

勇敢而真誠地面對自己吧，這是心理健康和獲得幸福感的前提條件。

第十一章・虛假高自尊

傳統上有關自尊的定義與測量僅僅測評了一般的自尊水準，即衡量了一個人通過自我評價來展示的有關自己是否可愛、是否有價值的感覺，但並沒有回答這種自我感覺的來源與對個人所起的作用。筆者以為，社會量尺理論的描述就非常到位，它認為**自尊只是人際狀態的衡量尺度，表示你與他人相處時的主觀感受**。換句話說，這種在人際關係中表現出來的自我價值感是主觀的。

比如，在直屬主管面前，一個高自尊者也必須表現出謙卑的態度，但是主觀上他並不自卑，相信自己也很有價值。他只是認為主管權力比他大，但在做人上，他們是平等的。而低自尊者不僅行為上畢恭畢敬，而且內心的感受是焦慮的，認為主管在人格上也比自己偉大。總之，這種量尺衡量的只是主觀感受，是自我價值感的水準，並沒有從質的層面去分析自尊的來源和個人意義。

後來的研究在理論上突破了簡單地以高、低自尊來區分人的單一標準，更關注自尊的積極與消極功能、自尊的性質和來源，以及自尊與動機的關係。因此，除了自尊水準的高低劃分之外，還可以從自尊是有條件的還是無條件的、自尊是起源於親子安全依戀還是家長控制等其他標準來定義和理解。當我們跳出了簡單的高、低自尊的標準時，高自尊的完美形象就受到了質疑，高自尊就不是心理健康的唯一標準了。根據功能、來源與目標的不同，高自尊也可劃分為兩種類型：**一種是健康的高自尊**，以自主定向、追求能力實現、愛與聯結為目標，是本真的、穩定的、樂觀的，反映了個人內在基本需要得到滿足後本真的自我滿足感和自我價值感。**另外一種是不健康的高自尊**，以追求虛榮、補償低自尊和外在功利為目標，是虛假的、不穩定的、以自我為中心的，反映了人們出於對不安全、脆弱的自我的維護而採取的自我誇大，其背後的真正動機仍然是低自尊。由於它通常以高自尊的形式表現出來，所以我們稱之為虛假高自尊。

虛假高自尊叫作自戀

同一個動機可以以不同的外在行為表現出來，心理學家阿德勒（A. Adler）曾經舉過一個典型的例子：兩個自卑的孩子來到動物園，面對兇猛的獅子，膽小的孩子躲到母親的身後，對母親喊道「媽媽我害怕」；另外一個孩子內心發抖，卻佯裝鎮定地對母親說：「媽媽，我能不能對牠吐一口唾沫？」佛洛伊德（S. Freud）也曾指出，同樣是出於對性本能的渴求，一個人會通過追求女性來滿足需要，另一個人則可能通過閱讀小說或寫作來滿足需要，後者可稱為昇華。

虛假高自尊者通常表現得很自信，他們**自我感覺良好，經常報喜不報憂，給人的印象是自我滿足的、得意揚揚的，卻讓別人覺得不舒服、刻意、做作、生硬**。筆者就發現，有些人在與人交流時，經常吹噓或炫耀自己的好事，而從不提及自己的壞事，當提及別人時則剛好相反，從不提及別人的好事，反而經常提及壞事。比如，老張經常談及自己認識很多大人物，自己和某部長吃飯了、自己兒子如何表現優異，卻從不提及自己家中的壞事。其實，他說的話中具有明顯的隱瞞與虛誇的成分，他的家庭、工作中都有許多不盡如人意的地方。如果你請他幫你辦事，他總是以各種理由推脫。這麼做的目的只有一個，就是提升自尊，讓對方瞧得起自己，其背後的真實動機是維護自尊：「你們瞧瞧，我認識了這麼多大人物，我是多麼重要啊，我是多麼美滿啊，多麼有身份地位啊！」

人們在交流中免不了會說謊，這主要是為了顯示自己有交往價值，起著公關作用；而一個虛假高自尊者則在這方面變本加厲，他們**自吹時不分時間地點、毫無理由而且唐突**。有一位已經退休多年的教授，每次見到同事，還沒怎麼寒暄，他就開始滔滔不絕，說自己多麼忙碌，剛從國外出差回來，自己所屬機構是如何地好、自己的工作多麼重要。如果是對方問起他的近況，在交流中敘舊、談及工作，這麼講話還情有可原，不會暴露自卑；但如果對方是不太熟悉的人、不想與他深聊的人，他主動拋出這些去炫耀，就會讓人覺得意外而不舒服。

虛假高自尊者的自我吹噓與本真高自尊者具有本質的不同，前者的自我吹噓不是以事實為基礎，缺少對做事過程的描述和情感投入，就是瞎膨風。這類人特點是以自我為中心，或者是自戀的，吹噓時沉湎其中，彷彿世界上只有他；與別人的互動不足，毫不理睬別人的反應，滔滔不絕，不管不顧。比如，一次家長聚會上，當聽說別人的孩子考上某明星中學時，虛假高自尊的家長馬上說：「那所中學一點都不好，課業壓力很大，老師管教非常嚴格，聽說有學生自殺了！」而暗地裡她非常嫉妒，努力管教自己的孩子，希望自己的孩子也能考上該校。他們**對自尊的維護造成了認知偏差，不顧及真理和是非，只關心自我的膨脹。**

心理學上也把這種人叫作自戀者。自戀者具有極高的自尊，大多數時候很開心，對自己的吸引力、競爭力和智力都持有不切實際的、膨脹的態度，認為自己有理由獲得優待。自戀可以通過自戀人格問卷來測量，比如「我是一個與眾不同的人」、「如果由我來統治世界，世界會變得更加美好」、「我喜歡照鏡子」等題目。然而，自戀者這種自我好感覺是外在的，在內心深處，他們是討厭自己的，他們自大的外表只是用來掩飾自身的不安全感。

自戀者的自尊是有條件的、不健康的，如果獲得了外界的關注與讚美，他們就會飄飄然，覺得整個世界「非我莫屬，舍我其誰？」但是，當關注與掌聲減少時，他們就會變得心情糟糕，會以憤怒和蔑視加以反擊。在一項研究中，研究者考查自戀者受到威脅時的行為表現，要求自戀者寫一篇論述某項重大事件的文章，並由隔壁房間的評價者進行評閱——實際上，這個評閱者是實驗者虛擬的，並不存在。評閱者的評價分為兩種，一種是好評，比如「這篇文章太棒了」；另一種是差評，比如「這是我讀過的最差的文章了」。然後安排自戀者與虛擬評閱者在電腦上共同解決一個簡單問題，誰的速度慢，對方就給一個噪音進行提示。實驗者有意將自戀者安排為速度快的，勝出後可以懲罰對方。結果發現，自戀者接受貶損的評價後給評閱者的噪音是最長的、最強烈的，就是對於給自己低評價的人予以侮辱性的反擊和報復。

虛假高自尊者的根本問題，在於不能以平等和友善的態度來對待他人，在他們心目中，其他人只是觀眾，只有鼓掌的份，沒有登場的份，只有他們才配登上舞臺，因此缺少對他人權利的尊重，無視他人自尊和利益的存在。另一方面，自戀者如果經歷挫折與失敗，又會遷怒於別人、推卸責任，通過責備和懲罰他人而獲得內心的解脫。

其實，虛假高自尊或自戀者內心深處仍然是低自尊的，他們人生的主要目標仍然是在維護不那麼堅實的自尊，他們的自尊是脆弱的、不穩定的，做事的目的是要別人說自己好，而不是發自內心的召喚。表面上快樂與自信，但內心深處仍然是焦慮的；他們的快樂感覺是不穩定的，仍依賴於他人的重視或好的結果。

內隱測驗讓潛意識現形

早期的自尊測量多以語言報告法來測量自尊水準，即直接讓測試者回答有關自我價值感的問題。這種測試方式簡單、易操作，但是有明顯的不足，那就是人們可能出於顧及別人的考慮而說謊，心理學稱之為社會贊許效應。一個面對電視直播鏡頭的人，你問他「你緊張嗎？」一般會回答說「不緊張啊」，但是如果測量他的心跳、汗腺活動和皮膚電阻，就會發現他與平時放鬆時的狀態完全不一樣，這些內隱的指標透露了他真實的緊張情緒。

比如，一個人明明不覺得自己是有價值的，也會回答說「我認為自己是有價值的、可愛的」。一個對自己不滿意的人，也可能出於掩飾而回答說「整體上我對於自己是滿意的」。這種測評自尊的方法被稱為外顯的自尊測驗，它雖然應用廣泛，但受到了不少批評。批評指出，這種測驗過於寬泛、過於靜態，在一個自戀者身上，這種自尊容易被誇大。

針對這些不足，心理學家們設計了一種**內隱**（implicit）**測驗自尊的方法，能夠測出人們自動的、早期學會的、無意識的自我評價**，其中最為著名的當屬「內隱聯想測驗」（Implicit Association Test，即ＩＡＴ）。這個測驗通過電腦來操作，在電腦螢幕上顯示有關自我與非我的詞語，比如「自我、我是、自己是」和「它、樹木、房子」等，當這些詞語出現後快速顯現有關積極或消極的詞語，比如「美好的、可愛的、勝任的」，或者是「可怕的、不好的」等。測驗主要考查一個人將自我與積極或消極詞語聯繫起來的速度，如果一個人能夠很快地將自我與積極詞語聯繫起來，而將自我與消極詞語聯繫起來比較遲緩，就顯示這個人具有內隱的高自尊，擁有相反模式的人就是內隱低自尊。

當使用內隱自尊測量自尊水準時，虛假高自尊者的表現與外顯自尊測驗差異較大，也就是說，他們內在對自我的真實反應與外顯自尊測量的結果往往不一致。

總體來說，**內隱自尊可以理解為潛意識層面的真實自我想法，外顯自尊則是意識層面經由語意、情感加工後的自我評價**。周雅的一項研究發現，憂鬱的個體內隱自尊水準與外顯自尊水準相差不大，而正常個體的外顯自尊顯著高於內隱自尊，這揭示了正常人試圖營造一種良好自我感覺的主觀動機，這種動機被稱為「自我提升」。一般認為，自我提升可以提供一種自我保護機制，對於心理健康大有裨益。在正常個體身上，自我提升動機有多種呈現形式，例如：不切實際地將積極特徵歸於自己身上；在遇到挫折時會避免將失敗歸咎於自身能力；趨於相信現在的自己一定比過去的自己更優秀；認為自己更有可能經歷許多積極事件（例如婚姻美滿或是健康長壽），而不太可能經歷消極事件（例如罹患癌症或是發生意外）；傾向於與比自己差的人進行比較，而刻意與比自己好的人保持距離。

然而，在一個自戀者或者虛假高自尊者身上，這種外顯的自尊會產生不理性的誇大，嚴重背離內部的真實感覺，在掩飾自己弱點和維護脆弱的自尊方面投入了過多的精力，甚至不惜損害他人的利益和名譽來保護自尊。

從易變性辨識脆弱的自尊

從自尊的穩定性與不穩定性的角度也可以理解自尊與心理健康水準的關係。克尼斯（M. H. Kernis）等人提出了「自尊穩定性」（self-esteem stability）這一概念，也叫作「自尊易變性」（self-esteem variability），描述了個體在特定情境下自我價值即時感受的波動特性。

自尊易變個體的自我感受取決於近期發生的生活事件，積極或消極的結果反應決定了當下自尊水準的高低；相反，自尊穩定個體的自我感受通常維持在一個相對穩定的水準，不易受積極或消極生活事件的影響。自尊穩定性的提出，使「自尊水準」這一概念得以深入明晰。高自尊並非絕對積極，低自尊也並不是徹底消極。高而易變的自尊是脆弱的自尊，高而穩定的自尊才是安全的自尊。研究發現，較之自尊水準，自尊穩定性對各種心理變數表現出更好的預測效果，作為心理適應功能的良好預測變數，與自主性、環境控制感、生活意義感等密切相關。

克尼斯等人比較了穩定高自尊與易變高自尊的心理功能差異，發現兩者有如下不同：

第一，穩定高自尊者具有非常強烈的、安全的積極自我感覺，他們不會輕易受到外界的積極或消極事件的影響。而**不穩定高自尊者的自我價值感是脆弱的，容易受到外界消極事件的威脅**，對外界的消極反應具有強烈的厭惡，對於積極的反應則加以誇大。

第二，遇到挫折時，穩定高自尊者並沒有產生強烈的敵意，因為失敗與挫折不能輕易威脅穩定的高自尊，而**不穩定高自尊者經歷失敗後具有非常強烈的**

攻擊性和敵意，因為失敗與挫折打擊了他們原本脆弱的自尊。

第三，克尼斯等人的研究發現，在經歷考試成功或失敗後，穩定高自尊者比較能夠完整而靈活地進行歸因，比如成功後不過於強調個人努力、不誇大個人的智力等因素，失敗時也不會推脫自己的責任，沒有出現自我保護。而不穩定高自尊者考試成功後，認為都是自己努力和能力強的結果，而失敗後則認為是客觀因素，比如「考前失眠了，題目太偏了，我根本沒有把這次考試放在心上」。顯然他們還是將失敗與脆弱的自我價值聯繫，認為考試不好證明自己沒有價值了，所以要為自己辯護，尋找外在的藉口，而不是承認自己的錯誤。

第四，當遇到來自他人的表揚或批評時，穩定與不穩定的高自尊者的反應也有所不同。面對表揚時，不穩定高自尊者認為他人的表揚是當之無愧的，而表揚者是有能力的、令人喜歡的，表揚激發了更多的積極情緒。

面對批評時，不穩定的高自尊者更多地貶低測評技術和評估者，認為評估人不公正、評估手段不準確，他們會進行外在歸因，認為是外在環境而不是自己的原因造成了低評價。所以，在遭受挫折時經常遷怒於他人，這已不足為奇。

逆反特質壓制出自尊缺陷

為什麼同樣出於保護脆弱的自我評價與自我價值感，低自尊者會表現出較低的自我評價，以自我懷疑、逃避、放棄、自責或自虐的方式對待自己或現實問題，而虛假高自尊者則表現出固執而刻板的自我維護與自我誇大呢？兩者之間的差異形成的原因是什麼呢？

筆者認為答案在於遺傳的氣質或先天的神經類型。虛假高自尊者通常具有逆反的氣質，又叫作難以教育的特質，他們**天生勇敢**、**意志堅定**、**敢作敢為**，**面對批評與懲罰善於反抗**，**不易屈服**。也就是說他們具有剛毅的性格，不會被強權與壓迫所壓倒。

這種性格特質如果遇到溫和、民主的父母養育方式，也許就會具有安全感與自主性。如果父母以無條件的愛來對待這樣的孩子，孩子就會發展出對能力的追求和對愛的追求，形成健康的、穩定的高自尊型人格。

不幸的是，這種逆反型孩子的家庭養育方式往往是苛刻的、暴力的、壓迫的，父母常將自己的喜好塞給孩子，如果孩子反抗、不服從，他們就施以高壓政策，打罵與嚴懲，而高壓和暴力反過來又加重了孩子的逆反。孩子在心目中知道父母是可惡的、是暴君，父母的批評與壓制非但不能讓他屈服，反而確信父母是壞人：「我是打不垮的，我是一個好人、一個剛強的人，而壓迫者是要下地獄的！」

然而，**這種逆反力量所形成的高自尊只能作為抵抗批評與懲罰的權宜之計**，不能形成本真的自信，尤其是不能通過愛、模仿、安全的依戀來形成積極的價值觀和方向感，有關「我是誰」的回答只是外表上的不示弱、不承認自卑和憂鬱，仍然不能像本真高自尊那樣形成真正的、穩定的自主性和自信，不能形成以積極價值觀導向為內容、實現潛能和愛的能力為目標的健康的動機系統。逆反所形成的高自尊僅僅是一種無基礎的、脆弱的和不穩定的自我保護，其動力模式是有缺陷的，即執著於「不要攻擊我、不要說我壞，無論如何你都不能貶低我」等自我防禦，而不是積極的、建設性的目標。

虛假高自尊者雖然在自我的好感覺上和滿意度上比低自尊者要好一些，但他們仍然製造了諸多不適應，比如難以與人建立親密關係、失敗後因為不善於自我檢討而無法接受教訓、妨礙與同事尤其是與權威建立和諧關係，致使周圍的人不喜歡或者疏遠自己等。

這樣看來，自我好感覺不應當是我們追求的人生目標，我們不能依靠虛假的自我價值感來欺騙自己的情感，因為它是不穩定的，而且也將自己置於他人的對立面，妨礙人際聯結需要的滿足。我們要回歸本心，追求更有意義的、更有價值的人生目標，建立起與他人的紐帶關係，實現興趣與愛好，充分開發自己的潛能。

第十二章 · 告別自尊遊戲

心陷於自尊的囹圄足以致命。自尊是人與人之間的比較，是社會地位的主觀表達，也是人際間社會等級的主觀表達，而在適應環境的漫長進化過程中，這種社會地位往往決定著個體的命運和生活形態，經常構成人生追求的終極目標。

做正確的事情，你就有好心情。

——亞里斯多德

致命的自尊遊戲

所以，自尊問題往往具有關鍵意義，一個人很容易陷入與自尊有關的主觀感覺上的困擾與糾結，比如整天思考自尊的問題，或者過於重視自尊的問題，或者害怕失去自尊，擔心被人瞧不起，而這往往會引發瘋狂失常的行為。

恐怖的案例

許多殺人案的背後都與自尊障礙有關，自尊的困擾足以構成殺人的理由，一句話也足以引來殺身之禍。有一個企業老闆因為對一個新員工的業績不滿，脫口而出一句：「還大學畢業生呢，我看你什麼都不是。別看我小學都沒畢業，但站在你面前我就是老闆。」這個員工懷恨在心，於是買了一把刀子，把老闆刺死了。他殺人的邏輯很簡單：「如果一個教授或比我社會地位高的人這樣說我，我還不會這麼憤怒。我最不能容忍的是一個小學都沒畢業的人這樣說我！」

還有一個例子，是一位打零工的召妓，雙方因為嫖資問題發生衝突，小姐不屑地對打零工的說：「你不就是一個窮打工的嗎？沒錢別來玩啊！」於是打零工的拔刀把小姐給殺了，事後他說：「別人嘲笑我可以，但一個妓女嘲笑我，我就受不了了，一定要殺了她！」還有，男女性愛時，女人嘲笑男人陽痿，男人覺得傷了自尊，就把對方給殺了。以上這些都屬於衝動殺人，為了什麼衝動呢？就是為了維護受了傷害的自尊。

另有這樣一個案例：在偏遠的農村，一家有三個上小學的孩子（一男孩和兩女孩）在上學路上被人綁架並遭殘忍殺害，兇手竟然是這家的表侄張某。他們住在同一個鎮上，誰都不會想到是張某幹的，因為張某一向老實、內向、從不惹事，連雞都不敢殺。據張某交代，兩家的爺爺輩是鄰居，而且是同姓表親，多年前張某爺爺家的舊房改造要蓋新房，因為兩家的房子並排，被害者的爺爺堅持不讓對方的房子壓過自家，否則就意味著自己抬不起頭了。當時他甚至放出了狠話：「你疊一塊磚，我就扒一塊，不信你試試！」其實只是說了一句氣話，最後張某爺爺的房子仍然高了卅公分左右，被害者一家也沒有動手阻止。但就是這麼一句話，讓張某懷恨了很多年難以釋懷，他耳邊經常迴響著這句「你疊一塊磚，我就扒一塊，不信你試試」，終於有一天對小孩子下手了。其實，被害者一家早已把這件事忘記了。這就是自尊的重大影響，俗話說「不怕賊偷，就怕賊惦記」，同樣，就怕一個人因為傷自尊而總想著報復和擺平，這種殫精竭慮令人恐懼。

走向毀滅

有自尊障礙的人經常玩這樣的遊戲，就是拿對方的自尊問題挑釁，他們可能會說：「就你這地位、混成這個樣，真丟人，你根本就不如我，你動我一根寒毛看看！」這顯示掛餌的人也有低自尊的問題，或者就是一個對自尊敏感的人，所以他才會惡毒並有效地掛餌。而低自尊的對方果真上當，開始咬鉤，被有效激怒了自尊的「病灶」，對方的餌生效，憤怒或憂鬱開始湧動，於是自尊遊戲開始了。但遊戲的進程往往超出了遊戲發起者的預期，事故頻發，遊戲發起者往往在不知不覺中走向毀滅。

有時候，不需要明顯的餌，低自尊的遊戲也能完成。記得多年前，某大學心理學系有兩個同一個寢室的女研究生，都申請去美國深造，兩個人也都接到了包含獎學金的錄取通知書，但甲在電子郵件中發現乙的大學更好、獎學金更多，就以乙的身份回絕了錄取意向，導致乙沒能出國。後來乙發現此事，將甲告上了法庭，結果甲不僅賠償了乙，而且因為這種行為被美國大使館列入黑名單，若干年內不得申請入境。可以說，甲這種損人不利己的愚蠢行為與她高材生的智商極不相稱，只能用低自尊解釋她的行為動機。低自尊者經常發出錯誤的社會比較訊號，主動搜索或掃描著人際比較的資訊，並以此設定生命的意義，好像只有保持自己比別人強才有生命的價值。自尊理論由一種反對他人的邏輯與情感，能解釋這種人的全部冷漠與孤獨，是他們疏離感的全部奧秘。這是一種非常可怕的扭曲，也是生活不幸福的根源。

在現代社會，雖然人與人之間的差別很大，但是社會的發展也為人們提供了更廣泛的社會保障，比如各種社會保險，能夠保證人們基本生存需要的滿足；很多人有車有房，所以我是否比別人好、我的社會地位怎樣、我與你相差多少，並不與生存有關，而是一種精神的需要或者是面子的需要。現在，自尊的需要理應比原始社會更不重要、更不基本了，但是仍有不少人受這種問題困擾，過於看重自尊問題，這是非理性的。在現代社會，過度思考與追求自尊已成病態，也是心靈痛苦的根源。

追求高自尊是陷阱

低自尊者時常感覺心靈痛苦，所以經常懷有一個夢想：要是能像高自尊者一樣自信該有多好。然而，心理學研究顯示，追求高自尊是一件很危險的事，而且很可能失敗。人們越是追求高自尊，就越可能變得低自尊。對於低自尊者而言，追求高自尊是一個悖論，你追求的是你得不到的，你得到的是你不追求的。這很像追求幸福，一個人越是缺少幸福，就越渴求幸福，越想追求幸福，就越是得不到它。幸福不是通過直接提升滿意度獲得的，而是不經意中得到的，你的意願過強反而感覺不到幸福。獲得幸福有一套動力機制、認知、情緒的規律，幸福的人不需要也不追求幸福。

低自尊是由一系列複雜的環境和心理動力過程構成的，不是模仿高自尊的好感覺就能化解的。如前所述，高自尊僅僅是對自我價值的肯定，只是一種對於自我的好感覺，它的高低水準並不重要，它的來源和所發揮的心理功能反而更重要。換句話說，最為重要的是自尊的性質和意義，以及你出於什麼目的而需要和使用它。

在自尊教育的影響下，市面上出現了許多有關提升自尊的自助類書籍，比如有一項建議是要人們對著鏡子說「我是可愛的，我是值得愛的」。研究早已顯示，這種直接追求自尊的方式就像追求幸福一樣不可行，反而南轅北轍。心理學家伍德（J. V. Wood）等人做了一個實驗，把高低自尊的大學生分為兩組，對實驗組進行干預，讓他們每天練習四次、每次花四分鐘對自己說「我是可愛的」、「我感覺很好，我所做的一切都是很有價值的」；而對照組的大學生什麼都不做。結果發現，實驗組的低自尊大學生經練習後，自尊測驗的得分比對照組更低，而高自尊的學生通過這樣的練習，自尊水準比對照組提升了。人們看重的是有理由的或者有實際基礎的自尊，抽象地練習感覺良好缺乏可信度。他們還做了另一項研究，讓大學生受試者接受另外一個陌生異性的評價，主要是評價其社會交往能力，在準備期間，要那些對自己社交能力沒有自信的人對自己說「我感到非常有信心，我擁有出色的社交能力」，結果發現，這樣的自我對話不僅沒有緩解緊張，反而激發了他們消極的自我想法。

這樣的自我對話顯然是沒有用的，那麼，成功的結果會提升低自尊者的自尊嗎？我們知道，自尊受事情結果的影響，正如亞里斯多德所說：「做正確的事情，你就有好心情。」如果你受到了他人讚揚、在重要比賽上得勝，高低自尊者都會產生好感覺。不幸的是，成功對低自尊者的影響具有雙重性：除了感到高興外，還會引起壓力與焦慮，成功的結果也可能會觸發消極的自我聯想。

1. **成功會激發低自尊者的抑制性動機**。正如第八章所述，成功的結果不符合低自尊者的自我概念，所以他們會產生認知失調、感到緊張，同時成功也會激發他們的自我保護性動機，會引發消極的想法，比如「現在就是第一了，下次如果考不好多丟臉」、「我都當班長了，要是工作做不好被除名多可怕啊」。他們認為出色的自己更有可能暴露缺點，「高處不勝寒」。

成功造成了更高的標準，使他們感到害怕；成功意味著弱點暴露的概率更高了。有研究發現，低自尊大學生在得知認知能力測驗結果後，比不知道結果的對照組表現出更多的焦慮。知道成功結果後，他們很快會感覺到自尊的提升、自我膨脹，而當他們回歸平凡的生活，或者遇到不順、遭遇挫折時，低自尊會隨時捲土重來。那麼，為了提升自尊而努力爭取事情的結果、努力追求成功可行嗎？答案是：不可行。根據事情的結果來定義的自尊叫作有條件的自尊。有研究發現，獲得了一個新的職位後，低自尊者更加期望一個更高的職位；有了一筆錢後，低自尊者會想到與某人比，這筆錢並不算多。

2.**成功會激發自我注意力，妨礙心理健康**。首先，低自尊者的成功會引起焦慮，造成情緒反應，使人更加關注自我。其次，聚焦於自我會妨礙人際交往，注意力就不會放在關心他人的合作與支持上了。最後，自我關注使人把注意力放在外在標準上，使人更痛苦與焦慮，擔心不能達到外在的標準，更擔心自己的表現不符合其他人的期望。

成功和自我表揚會提醒低自尊者與理想標準進行比較，更看到與理想標準的差距。當低自尊者取得成功或者進行自我表揚時，他們會下意識地將現有資訊與自我理想進行對比，以便進一步符合這個標準。比如，一個低自尊的學生如果期末成績不錯，他會下意識地想到自己的人際交往還不夠好；如果歌唱得了第一名，就會想到自己的語文成績還不夠好；如果語文成績不錯，就會想到數學成績還不好。他們經常缺少滿足感，每一個好的結果都會使他們進一步去與更高的理想進行自我對比。也就是說，成功的結果把他們推向了「比較」的惡性循環而不能自拔，眼下的好結果促使他們痛苦地聯想到自己還不夠好、還要加把勁。筆者之前曾把這種心理叫作「樂中作苦」，或者不能享受生活的美好。

同樣，當低自尊者對自己重複「我是可愛的」這句話時，他們其實是在對自己說「我還不夠可愛，我還不像某人那樣受歡迎，我要變得更可愛一些」。當一個低自尊的小提琴家聽到掌聲時，他會高興，但很快就會想到自己的演出還有瑕疵，如果演奏中不出現這些瑕疵，掌聲就會更加熱烈；或者想到上次演出不那麼成功，自己發揮得還不夠穩定，也許下次演出就不會那麼好了。

自我評價雖然有助於人們把自己的現狀與理想標準進行比較，以提升效率，但也存在著不利，我們不能濫用它。自我評價常常將人的注意力和精力拉回到自我身上，妨礙人們集中精力解決現實問題。此外，**自我評價可能是不安全感的顯現，反映了一個人把恐懼落後、害怕失敗之類的自我保護動機當作人生的主要動機**。而一個具有安全感的真實的、健康的人會把滿足自主性、提高能力和愛當作基本需要，他們的想法、感受和行為反映了內心的真實感受，自我評價就顯得多餘了。總是想著與理想自我的差別，並關注這個差別，就會妨礙人發揮自主性，也不會使人具有能力感；當把標準定在外在標準時，成功的結果並不會促進自尊的提升。

此外，自尊還會受人格類型或神經類型的影響。作為一種氣質或天性，每個人都有較為穩定的、高低程度不同的自尊水準。氣質或神經類型是難以改變的，你的確看到了另外一個人的高自尊，但你就是學不來，因為你缺少他那樣樂觀的神經。

與其說自尊決定了一個人的想法、情緒或行為，不如說環境、行為與想法決定了自尊。所以**追求自尊是不可行的，甚至會造成負面的結果**。

心理健康的六大損害

一個人把高自尊當作追求目標，就像一個上錯車的人，車越是加速，他離真正想要的人生目標就越遠。追求高自尊本身已經顯示一個人心理不健康了，只有內化了錯誤的人生目標、不瞭解真實自我的人或缺少自尊的人，才需要自尊。

追求自尊對於人類心理健康的損害顯現在以下幾個方面：

1. **對情緒的損害**：人們追求高自尊，意味著對於從事的事情具有更高的自我捲入，成功不僅是指「我成功了」，而且也意味著「我是有價值的」。這樣做的後果很危險，因為一旦失敗了，不僅意味著「我失敗了」，而且也意味著「我沒有價值」。當人們在自己非常重視和投入的領域獲得成功時，積極情緒會極大增加，但是一旦失敗也會加重消極情緒。人們越是重視成功，就越是害怕失敗，越是想好，就越害怕不好。

一個穩妥的辦法就是不要在單一的事情上自我捲入過多，就是俗話說的

「不要把雞蛋放在一個籃子裡」。心理健康專家總是強調，心理健康的人能兼顧家庭與事業，讓兩者取得平衡。這是有道理的，不要過於偏重某一方面，親情、友情和事業成功都非常重要，這樣萬一某一個方面失敗了，還有別的方面可以支撐。有研究調查了世界各國的長壽老人，發現他們的價值觀是多元的，並不單一地看重事業，把親情、家庭和友情也看得非常重要。

2.對自主性的損害：一個人越是追求高自尊，越想得到別人的承認，他就越是容易感到焦慮、擔心和壓力，因為失敗意味著被看笑話。想要自我膨脹、讓別人羨慕的動機會把自我存在的意義完全建立在事情的結果上，這種外在目標會讓一個人感到必須完成它、不得不實現它，而這正是壓力和緊張的源泉。真正的心理健康是自主性的，即做自己真正想要做的事情，把內部的本真的、自發的需要當作人生目標，實現心靈的自由與主動。比如，一個追求好成績的大學生把學習成績當作唯一有意義的事，這會迫使他複習與考試，但學習時是被動的，他也害怕成績落後，這會讓他感到壓力和緊張。而一個出於興趣和內在需要而學習的大學生會帶著樂趣和滿足感，他會重視學習過程，能體驗到學習過程帶來的享受，壓力自然較小。

3. 對學習的損害：一個人追求高自尊會妨礙學習的過程，當他出於虛榮而學習時，錯誤、失敗、批評和消極的回應就是一種自我威脅，而不是機會或改進的途徑。一個人把自我價值建立在自尊之上，一出現消極的結果就顯示個體缺少價值、令人輕視，於是就會恐懼或排斥這樣的結果。當失敗的結果無法迴避時，就會利用各種其他手段來保護自尊，比如向下比、不接受現實、抱怨環境因素或攻擊他人等，但這些都無益於個人在教訓中成長，只會損害一個人的學習過程。有研究指出，一個追求自尊、為了得高分而學習的人，更有可能作弊。

4. 對人際關係的損害：以自尊為人生目標也會妨礙人際關係，因為你把注意力集中於自己在別人眼中是什麼樣子上，你的人生目標是想超過其他人，會過度關注自己的表現，對別人的需要和感覺就會有所忽略。在你看來，其他人是競爭者和敵人，而不是你的資源和支持者。與人相處時，無論你採取的方式是逃避、疏遠，還是責備、攻擊和憤怒，都會損害人際關係。這些自我保護的策略，會妨礙你與他人建立真誠、友善的關係。

5. 對心理健康的損害：越是把超越他人當作目標、越是追求自尊，憂鬱的症狀就越明顯。追求自尊的人一般會將某個領域的事件的價值誇大或泛化到整個自我價值，而如果失敗就容易產生憂鬱。依賴特定領域的成敗而維繫的有條件的自尊是不穩定的，與憂鬱呈高度相關。一項以大學生為對象的研究指出，波動的自尊加上生活中的緊張事件可以預測憂鬱症。

6.影響做事情的效率，妨礙自我調節：因為追求自尊會造成強烈的情緒反應，當自尊面對威脅時，人們經常糾結於如何使自己感覺更好的衝動中，傾向於努力把精力投入於如何保持良好情緒上，產生了以自我為中心的情緒應對方式，即保護自我不受傷害。因此，追求自尊的人不能根據問題解決的要求，或者不能以客觀的目標來選擇應對方式，往往選擇自我損害的對應方式，比如拖延、有意不做，這樣即使失敗了也不是自己的能力問題，不會涉及面子，只是自己沒有去做而已，因而降低了成功的可能性。

四種方法提升心理健康

難道低自尊者就不需要改變他們的自我概念嗎？他們註定要忍受心靈的

痛苦嗎？其實，除了直接改變自尊之外，人們還可以利用其他的方法，提高自己的心理健康水準。

1.**改變完美主義式的自我評價，不要以完美無缺的自我理想來要求自己**。認知行為療法提出了許多改變想法的途徑，比如強調接受不完美的自己，不要以偏概全、非黑即白地評價自己，不要因為一件事情失敗了，就認為自己一無是處。要靈活、完整地看待自我，而不要刻板地進行自我評價。

2.**發揮優勢**。在自我評價時，不要總是把關注的焦點放在自己的不足上，而要適當地聚焦於優點與美好品質上。積極心理學就主張，為了獲得積極心理，人們要經常發揮自己的優勢，關注自己的優點，包括能力上的和性格上的，甚至開發出了優勢的測評工具。這樣做是有用的，可以鼓勵人們多關注自我的積極面向。

然而，對於低自尊者來說，這樣做也是有危險的。積極的回應會提醒他們做得還不夠好，向自己展示積極的品質時，會想到自己還有真實的缺點；他們也不相信自己真正具備優點，即使相信自己有，也不一定認為這些優點如此重要，反而認為自己的缺點更嚴重，以改正缺點為優先。有一項研究發現，羅列自己的自信品質有利於提升自尊，並能提升真正的自信，但當羅列的自信品質超過十二項時，人們的自尊反而下降了。可能十二項自信的品質激發了更完美的自我理想，使人聯想到自己根本不可能達到這樣完美的理想，從而形成了與理想對比而失落的心理。

3.**多多利用朋友與伴侶的真誠關懷與欣賞**。如果周圍的人對於某人無條件地關心，對他表現出了真誠的關懷和無私的愛，此人的自尊就會提升。有研究發現，如果伴侶對某人的優點非常欣賞，接納此人整體，無私地愛他，他的自尊能保持一年左右。所以，我們宣導愛與善，要多關心和欣賞別人。

愛要出於正確的理由，而且應當是無條件的，而不是有條件的。當愛與關注指向一個人的成就而不是人本身時，所得到的關注與支持仍然不能減弱一個人的防禦心理。

4.**學會成為一個自主與自發的人，成為一個能夠主動追求的人**。為了防止一個人的自我關注和自我意識，我們可以努力讓一個人喜歡與接受自己，卻不落入自我評價的陷阱，激勵一個人瞭解和關注自己的真實需要和目標，而不在乎自我得失、不分析自我的態度。比如，有一位心理學家，找大學生填寫一個心理量表，量表中只提示一個人最想做好的和最珍惜的事，但不去引發他們的自我評價或與理想標準進行比較；只探索自己的需要，這樣做就是有利於健康的，能夠激發健康的、本真的自尊的出現。通過填寫這樣的量表，大學生呈現了自尊的變化，更加重視能力的提升以及把事情做好的過程。

同樣，提高效率、多取得成功，尤其是在重要的領域取得成功均有助於提升自尊。但是，把自尊建立在特殊的行為結果上也是很危險的，因為人們不可能永遠領先別人，總有失敗的時候，人們經常控制不了事情的結果。但是成功的結果卻是我們所需要的，也是有利於好感覺的，所以改變一下動機和心態是可取的。我們該把主要精力放在實現自己的目標上，但是不要去想失敗或成功對自己的影響；不把成敗與自我評價聯繫起來，而是要與個人的興趣愛好、能力的實現、基本需要的滿足聯繫起來，並享受過程帶來的美好，即把追求成功過程的意義從提升自尊變成實現個人潛能，從滿足榮譽變成個人愛好，從追求外在結果變成滿足內在價值。而實現這種動機的轉變正是實現心理健康的必經之路。

告別自尊練習

儘量不去想自己是一個什麼樣的人、自己是不是好人、是否受歡迎這類問題。那麼我們如何來激勵自己呢，如何通過自我督促而進步呢？以下練習可能是有用的：

1. 設想自己的生命是有限的，比如還剩幾年或幾個月的時間，你會選擇去做什麼事情？有哪些事情是你發自內心想去做而沒有去做的？你如何實現這些目標？

先要看自己 我很想和老公一起環遊世界

2. 假如你可以重新活一遍，你想對你的一生做出哪些調整和改變？有什麼方面的缺憾是你可以彌補的？如何用行動彌補這些缺憾？

上班不遲到，真誠證明自己 想升職，很努力工作

不修習琴

例如：遲到

我的態度讓別人以為我不在乎

可是事實上，我很在乎

3. 假如你非常非常確定，周圍的人都對你有善意，他人是無危險的、是絕對可以合作和信任的，你將如何選擇你的人生目標？你將如何選擇你對他人的態度？在他人面前，你將如何展示你自己？

4. 如果可以確定他人都是關心你、同情和理解你、無條件接受你的，即無論你如何做，他們都會接受你的選擇、都能理解你的行為，也就是說，你不在意他人的評價，那你會做什麼？你本真的願望是什麼？什麼是你生命的最高意義？

5. 如果你可以隨意改變，你希望把自己塑造成什麼樣子？如果你可以隨意改變，十年後，你希望自己成為一個什麼樣的人？如果沒有觀眾，只有你自己，那麼成為什麼樣的人，你會最為快樂和滿足？

6. 如果不和他人比成就，而只是比個性，你有什麼特殊的愛好與興趣？什麼是你的獨特追求？哪些方面是你感覺有趣而他人卻覺得無趣的？

7. 你內心最為深沉的真實聲音是什麼？它的呼喊是什麼？它想讓你成為什麼樣的人？

分享美好的幸福
每個人都可以

BN0002

自尊上癮症

——我們時代的頭號心理疾病

作　　者　劉翔平
執行編輯　鐘苑紋
責任編輯　于芝峰
美術設計　Javick
排　　版　李秀菊

發 行 人　蘇拾平
總 編 輯　蘇拾平
副總編輯　于芝峰
主　　編　田哲榮
行政編輯　鐘苑紋
行　　銷　郭其彬、王綬晨、黃文慧、邱紹溢、陳詩婷、張瓊瑜
出　　版　橡實文化 ACORN Publishing
地址：臺北市10544松山區復興北路333號11樓之4
電話：02-2718-2001 傳真：02-2718-1258
網址：www.acornbooks.com.tw
E-mail：acorn@andbooks.com.tw

發　　行　大雁文化事業股份有限公司
地址：臺北市10544松山區復興北路333號11樓之4
電話：02-2718-2001 傳真：02-2718-1258
讀者傳真服務：02-2718-1258
讀者服務信箱：andbooks@andbooks.com.tw
劃撥帳號：19983379 戶名：大雁文化事業股份有限公司

香港發行　大雁(香港)出版基地．里人文化
地址：香港荃灣橫龍街78號正好工業大廈22樓A室
電話：852-2419-2288 傳真：852-2419-1887
E-mail信箱：anyone@biznetvigator.com

印　　刷　中原造像股份有限公司
初版一刷　2014年10月
定　　價　380元
ISBN 978-986-6362-97-2

國家圖書館出版品預行編目資料

自尊上癮症：我們時代的頭號心理疾病／
劉翔平著. -- 初版. -- 臺北市：橡實文化出
版：大雁文化發行, 2014.10
328面；17×23公分

ISBN 978-986-6362-97-2（平裝）

1. 自尊　2. 人格心理學　3. 心理衛生

173.75　　103019797